Patricia St. John

So groß ist Gott

Geschichten zum Glaubensbekenntnis

BLB-Verlag

BIBELLESEBUND Verlag
Winterthur/Marienheide

Titel der engl. Originalausgabe:
»Would You Believe It?«
erschienen bei Pickering & Inglis,
Basingstoke, Großbritannien

Deutsch von Renate Mauerhofer und Wolfgang Steinseifer
Textillustrationen: Cornelia Gerhardt

8. Auflage 2003
ISBN 3-87982-623-4

Umschlaggestaltung: Harald Wever
Druck und Bindung: Ebner & Spiegel, Ulm
Printed in Germany

Inhalt

Vorwort 9

I. Ich glaube an Gott . . .

. . . der mich wie ein Vater liebt
1. Das weiße Taschentuch 11

. . . der mich gemacht und zurückgekauft hat
2. Das verlorene Boot 15

. . . der die Mauer zwischen uns und ihm abriß
3. Das geschlossene Fenster 20

II. Ich glaube an Jesus Christus, Gottes Sohn . . .

Jesus Christus: Wie Gott zu uns kam –
Warum Christus zu uns kam
4. Warum Scheich Ali rannte 25

Gott, unerkannt in Jesus
5. Der unerkannte Gast 28

Warum Jesus auf der Erde lebte
6. Fußspuren im Schnee 31

Jesus – sein Leben und Vorbild
7. Der Mann, der anders war 36

Jesus – das Opfer seines vollkommenen Lebens
8. Der Ring und die Rosen 40

III. . . . der am Kreuz starb, um die Welt und mich zu retten

Jesus starb, um mich vor dem ewigen Tod zu retten
9. Der sicherste Ort 43

Jesus – sein erlösendes Leiden
10. Der verbotene Pfad 48

Jesus – sein Tod. Seine Gerechtigkeit für uns
11. Ein Leben für ein Leben 52

IV. . . . der den Tod besiegte, als er vom Tode auferstand

Christi Sieg über den Tod – Die Geschichte der Auferstehung
12. Der Weg durch die Flut 57

Jesus – seine Auferstehung und erste Erscheinung
13. Die Stimme in der Dunkelheit 62

Buße – meine Sünde sehen
14. Weißer als Schnee 65

Buße – meine Sünde bekennen
15. Das Hindernis 68

Buße – Abkehr von der Sünde, Hinkehr zu Jesus
16. Das Fünf-Finger-Gebet 74

Bekehrung
17. Der Kapitän und der Kabinenjunge 78

V. Ich glaube an den Heiligen Geist, Gottes Gegenwart in uns

Das Werk der Dreieinigkeit
18. Der Freund, der sich erinnerte 83

Das Werk des Heiligen Geistes – seine verwandelnde Kraft
19. Ein Zuhause für Virginia 89

VI. »Der Geist aber bringt hervor Liebe, Freude, Frieden, Geduld, Freundlichkeit, Güte, Treue, Nachsicht und Selbstbeherrschung«

Gottes Geist bringt Liebe hervor
20. Überraschung für den Räuberhauptmann 94

Der Geist bringt Freude hervor
21. Ein Siegeslied 101

Der Geist bringt Frieden hervor
22. Die beste Arbeit 103

VII. Geistliches Wachstum
a) in der Beziehung zu Gott

Wachstum im Leben des Christen – Gottes Reden durch die Bibel
23. Das Buch im Nachttisch 106

Gebet – Gott verstehen (und mißverstehen). Mit reinem Herzen beten
24. Die weißen Vögel 111

Beten im Namen Jesu
25. Aischas Brief 115

Für andere beten
26. Die Rettung 119

Ausdauerndes Beten
27. Warum stürzte die Mauer ein? 124

Erhörtes Gebet – wenn Gott »Ja« sagt
28. Der leere Korb 127

Wenn die Erhörung auf sich warten läßt
29. Der Bus, der nicht anhielt 131

Gebet – wenn Gott »Nein« sagt
30. Warum mußte gerade er sterben? 136

Gebet – die Wichtigkeit des Lobens
31. Gesang um Mitternacht 141

VIII. Geistliches Wachstum
b) in der Beziehung zu anderen Menschen

Die Wichtigkeit des Dienens
32. Der Weihnachtsgast 145

Die Wichtigkeit, Gottes Botschaft weiterzusagen
33. Das Seil 151

Dienst aus Liebe
34. Das Mädchen, das nicht vergessen konnte 155

Die Wichtigkeit des Gebens
35. Das weiße Huhn des Herrn 159

Die Wichtigkeit eines reinen Gewissens
36. Der Junge, der das Licht mied 165

Die Wichtigkeit der christlichen Gemeinschaft
37. Aus dem Feuer 169

IX. Gott vertrauen – in guten und in schlechten Tagen

Gott sorgt für seine Kinder
38. Die Streichholzschachtel und die Münze 172

Auf Gottes Fürsorge trauen
39. Der Wächter, den sie nicht zu töten wagten 175

Gottes Fürsorge für seine Kinder – Führung in Krisenzeiten
40. Der unbezwingbare Hügel 180

Alles wirkt zum Guten mit
41. Das hellere Licht 184

X. Der Tod – und dann? Diese Welt – und dann?

Tod
42. Geboren, um zu fliegen 188

Wiederkunft Christi
43. Schritte in der Nacht 193

Vorwort

»So groß ist Gott – Geschichten zum Glaubensbekenntnis« hat Patricia St. John für junge Leser geschrieben, um ihnen zu helfen, Gott besser kennenzulernen, über sein Handeln zu staunen und ihm auf sein Reden und Tun zu antworten.

Die hier zusammengestellten Geschichten aus verschiedenen Jahrhunderten und vielen Ländern der Erde sind so etwas wie Gleichnisse. Sie wollen bestimmte biblische Aussagen illustrieren. Dabei kommt es meistens nur auf einen einzigen Hauptgedanken an, und man darf nicht jeden einzelnen Gedanken der Erzählungen auf Gott und sein Handeln zu »übertragen« versuchen. Sonst werden die Geschichten (wie alle Gleichnisse) überstrapaziert.

Als Hilfe zum Erfassen des jeweiligen Hauptgedankens sind die kleiner gedruckten Abschnitte im Anschluß an die Geschichten gedacht (»Schlüsselverse«, »Gebet«, »Zum Nachdenken«). Sie sollen Anregungen geben, werden also beim Vorlesen in der Familie, in der Sonntagschule usw. wahrscheinlich durch eigene Denkanstöße, Gebete und Gedanken ersetzt werden.

Bei alldem geht es nicht um das Vermitteln trockener Dogmatik. Indem wir miteinander wichtige biblische Aussagen über Gott, Jesus Christus, den Heiligen Geist und das Leben als Christen anschauen, kommt es hoffentlich zum Staunen und zur Freude über den großen Gott, der uns liebt und uns als seine Kinder angenommen hat.

Der Verlag

I. Ich glaube an Gott ...

... der mich wie ein Vater liebt
Bibeltext: Lukas 15,11–32

1. Das weiße Taschentuch

Der Mann saß auf dem Gehsteig neben der Bushaltestelle und starrte zu Boden. Ein paar Leute musterten ihn im Vorübergehen neugierig und fragten sich, was das wohl für einer sein mochte, der Landstreicher mit den hängenden Schultern und den durchgelaufenen Schuhen. Er aber bemerkte ihre Blicke gar nicht. Er war ganz in Gedanken versunken. Hier, in dieser Stadt, hatte er seine Kindheit verbracht. Vor mehr als zwanzig Jahren war er in einem kleinen roten Ziegelhaus am Ende der nächsten Straße aufgewachsen. Ob es überhaupt noch stand? Vielleicht war es ja inzwischen abgerissen worden! Hoffentlich hatten sie wenigstens die Stiefmütterchen nicht zertrampelt! Komisch, wie gut er sich noch an die Stiefmütterchen erinnerte und an die Schaukel, die ihm sein Vater gebaut hatte, und an den Gartenweg, auf dem er das Fahrradfahren gelernt hatte. Monatelang hatten die Eltern gespart, um ihm das Fahrrad zu kaufen.

Zehn Jahre später war aus dem Fahrrad ein Motorrad geworden. Er selbst ließ sich zu Hause immer seltener blicken. Er verdiente gut und hatte eine Menge Freunde. Vater und Mutter erschienen schrecklich altmodisch und langweilig. Da war es in den Kneipen und Discos doch lustiger!

Heute erinnerte er sich nicht mehr gern an diese Zeit, vor allem nicht daran, wie ihm die Schulden über den Kopf gewachsen waren und er an einem Sonntagnachmittag bei den Eltern aufgetaucht war, um sie um Geld zu bitten. Sie hatten sich so über seinen unerwarteten Besuch gefreut, daß er es nicht übers Herz gebracht hatte, sie um Geld zu bitten. Doch er wußte genau, wo sein Vater das Portemonnaie aufbewahrte, und als die Eltern dann für einen Augenblick in den Garten gingen, hatte er sich einfach »bedient«.

Seither hatte er sie nicht mehr gesehen. Er traute sich nach dem, was er getan hatte, nicht mehr nach Hause; und die Eltern hatten jede Spur von ihm verloren. Er war ins Ausland gegangen, und sie erfuhren nichts von seinem rastlosen Umherziehen und auch nichts von seinem Gefängnisaufenthalt. Doch dort, in seiner Zelle, hatte er viel an sie gedacht. Manchmal, wenn er sich schlaflos auf seiner Pritsche herumwälzte und der Mond unheimliche Figuren auf die Zellenwand malte, wünschte er sich: »Wenn ich erst wieder aus diesem Loch heraus bin, möchte ich sie noch einmal sehen – wenn sie überhaupt noch leben . . . und wenn sie mich sehen wollen.«

Als er seine Strafe abgesessen hatte, fand er in der Großstadt eine Arbeitsstelle; aber Ruhe fand er nicht. Irgend etwas zog ihn heim, eine Sehnsucht, die sich nicht zum Schweigen bringen ließ. Auf Schritt und Tritt wurde er an das kleine rote Backsteinhaus erinnert, an das Beet mit Stiefmütterchen, an ein Kind auf einer Schaukel, an einen Jungen, der von der Schule nach Hause rannte . . .

Er wollte nicht völlig mittellos daheim ankommen, und so legte er einen großen Teil der Reise zu Fuß oder per Anhalter zurück.

Er hätte schon längst da sein können, aber dreißig Kilometer vor dem Ziel waren ihm plötzlich Zweifel gekommen. Was hatte er überhaupt für ein Recht, einfach so bei seinen Eltern hereinzuspazieren? Würden sie in dem heruntergekommenen Kerl, der er geworden war, überhaupt den Jungen erkennen, den sie geliebt hatten und der sie so schrecklich enttäuscht hatte?

Er kaufte sich etwas zu essen und setzte sich unter einen Baum, wo er für den Rest des Tages sitzen blieb. Der Brief, den er am Abend in einen Briefkasten einwarf, war sehr kurz, aber er hatte sich stundenlang damit abgemüht. Er endete mit den Worten:

»Ich weiß, es ist verrückt, anzunehmen, daß Ihr mich überhaupt noch einmal sehen wollt. Aber entscheidet selbst. Ich werde früh am Donnerstagmorgen ans Ende unserer Straße kommen. Wenn Ihr mich zu Hause haben wollt, hängt ein weißes Taschentuch ins Fenster meines alten Zimmers. Wenn ich es dort sehe, werde ich zu Euch kommen; wenn nicht, werde ich dem alten Haus noch einmal zuwinken und mich wieder davonmachen.«

Und nun war der Donnerstagmorgen da. Der Anfang der Straße war gleich um die Ecke. Diese Straße gab es jedenfalls noch! Auf einmal hatte der Mann es nicht mehr eilig. Er setzte sich einfach auf den Gehsteig und starrte die Steine an.

Ewig konnte er den Augenblick der Wahrheit natürlich nicht hinauszögern. Vielleicht waren die Eltern inzwischen ausgezogen? Wenn kein Taschentuch da war, wollte er wenigstens ein paar Erkundigungen in der Stadt einziehen, ehe er sich wieder auf den Weg machte. Er wagte gar nicht daran zu denken, was er tun sollte, wenn seine Eltern zwar noch dort wohnten, ihn aber nicht mehr sehen wollten.

Mühsam und mit schmerzenden Gliedern erhob er sich. Er war steif vom Übernachten im Freien, und die Straße lag noch im Schatten. Mit unsicheren Schritten wankte er zu der alten Platane hinüber, von der aus, das wußte er, das Backsteinhaus deutlich zu sehen sein würde. Bis dahin hielt er den Blick zu Boden gesenkt.

Mit fest zusammengekniffenen Augen stand er ein paar Augenblicke unter den Ästen des Baumes. Dann holte er tief Luft und wagte den Blick zum anderen Ende der Straße hinüber. Und dann stand er da und starrte und starrte . . .

Das kleine Backsteinhaus wurde bereits von der Sonne beschienen – aber es war kein kleines rotes Backsteinhaus mehr. Es schien ganz in weiße Tücher eingehüllt zu sein. Aus allen Fenstern hingen Bettücher und Kissenbezüge, Handtücher und Tischdecken, Taschentücher und Servietten; und aus dem Dachfenster flatterte eine große weiße Gardine quer über das ganze Dach. Rotes Backsteinhaus? Das schien ein Schneehaus zu sein, das da in der Sonne glänzte!

Die Eltern hatten kein Mißverständnis riskieren wollen!

Der Mann warf den Kopf zurück und stieß einen Freudenschrei aus. Dann rannte er über die Straße und durch die weitgeöffnete Haustür direkt in sein Elternhaus hinein.

Schlüsselverse
»Der Herr liebt alle, die ihn ehren, so wie ein Vater seine Kinder liebt« (Psalm 103,13).
»Wer sich gegen den Herrn aufgelehnt hat, wer seine eigenen Wege gegangen, seinen eigenen Plänen gefolgt ist, der soll umkehren und zum Herrn kommen. Der Herr wird ihn wieder annehmen, denn er ist voll Güte und Erbarmen« (Jesaja 55,7).

Gebet
Danke, lieber Vater im Himmel, daß du mich mehr liebst, als es ein irdischer Vater kann. Du bist ja der, von dem alle Liebe kommt.
Danke, daß du mich in deiner Liebe nie vergißt, selbst wenn ich dich vergesse; daß du mich wieder annimmst, selbst wenn ich dir davongelaufen bin; daß du mir gern vergibst, obwohl ich es nicht verdient habe.
Danke für deine ewige Liebe.

Zum Nachdenken
»Gott hat mich lieb« – kannst *du* diesen Satz von Herzen nachsprechen?
Woran merkst du, daß Gott dich liebt?

... der mich gemacht und zurückgekauft hat
Bibeltext: 1. Mose 1,26–31; 1. Mose 3

2. Das verlorene Boot

Viele Samstagnachmittage hatte Hans in der Garage verbracht und an seinem Boot gearbeitet. Den Rumpf hatte er aus einem massiven Holzblock geschnitzt, den er ausgehöhlt und mit Sandpapier geglättet hatte. Bei den Segeln hatte ihm seine Mutter geholfen, und die Bespannung für die Takelage hatte er naturgetreu einem richtigen Schoner nachgebildet, dessen Foto er in einer Zeitschrift gefunden hatte. Es war ein tolles Segelschiff, und das Beste war, daß er es selbst gemacht hatte.

Nun war es fertig, stand im Wohnzimmer und wurde von allen bewundert. Hans' Vater war besonders beeindruckt.

»Das hast du aber wirklich prima gemacht, Hans. Ich bin stolz auf dich. Du bist sehr geschickt«, sagte er. »Was wirst du denn als nächstes basteln?«

Daran hatte Hans noch gar nicht gedacht. Jetzt war erst einmal das Boot fertig. Das war das Wichtigste.

An einem schönen Frühlingstag nahm er sein Boot mit zum Kanal, um es dort schwimmen zu lassen. Er suchte sich dafür den schönsten Platz aus, einen sandigen Uferstreifen, zwischen Binsen versteckt, wo er früher einmal das Nest einer Moorhenne gefunden hatte. Es war ideales Segelwetter: Die Sonne schien, der Wind füllte die Segel und trieb das Schiff in die Mitte der trägen Strömung. Hans kniete am Ufer und ließ den Bindfaden, den er am Heck befestigt hatte, durch seine Finger gleiten. Gleich würde er die Uferböschung hinaufklettern und den Pfad entlangtraben, der neben dem Kanal herführte; aber zuerst wollte er einfach nur sein herrliches Schiff bewundern. Er war so in den Anblick vertieft, daß er die Stimmen hinter sich gar nicht hörte, und er fuhr zusammen, als drei Jungen, die viel älter waren als er, plötzlich neben ihm auftauchten. Hans umklammerte fester seinen Bindfaden, denn diese Jungen kannte er nicht. Vielleicht stammten sie von einem der Lastkähne, die den Kanal hinauf- und hinunterfuhren.

»He, laß uns auch mal!« sagte der Älteste.

»A-aber nur einen Augenblick«, stotterte Hans. »Dann will ich mein Boot wieder einholen.«

Er schluckte, und das Herz schlug ihm bis zum Halse, denn diese Jungen sahen nicht gerade friedlich aus. Der Große hatte ihm schon die Fadenrolle aus der Hand gerissen und holte das Boot ein. Dabei zerrte er so ruckartig an der Schnur, daß das Boot kenterte und die Segel sich voll Wasser sogen. Als es fast am Ufer war, spürte Hans plötzlich einen Stoß im Rücken, und im nächsten Augenblick landete er unsanft zwischen Binsen und Nesseln. Seine Finger krallten sich in den Morast, und der nasse Lehm spritzte ihm in die Augen, so daß er einen Moment nichts sehen konnte. Als er sich endlich wieder hustend und spuckend aufgerafft hatte, waren die Jungen verschwunden – und mit ihnen das Boot. Alles, was er sah, waren niedergetrampelte Binsen und die Trauerweiden.

Hans kletterte die Uferböschung hinauf. Nichts. Die Jungen waren hinter einer der vielen Hecken verschwunden, die sich neben dem Kanal hinzogen, und er konnte nicht einmal erkennen, in welche Richtung sie sich davongemacht hatten. Und überhaupt – selbst wenn er sie verfolgen und einholen könnte, was vermochte er gegen die drei auszurichten? Tränen der Wut und Verzweiflung stiegen in ihm auf. Doch Hans beherrschte sich mühsam, wischte sich die Hände ab und machte sich auf den Heimweg. Er wußte, daß seine Eltern einen Besuch machten, und er bezweifelte, daß die Polizei etwas unternehmen würde, wenn er dort anriefe und seine Geschichte erzählte.

Als seine Eltern heimkehrten, berichtete Hans, was geschehen war. Sein Vater zog sogleich wieder los, um in der Nachbarschaft Erkundigungen einzuziehen; doch niemand hatte die drei fremden Jungen gesehen. Beim Abendessen war Hans sehr still, und als er dann im Bett lag, konnte er die Tränen nicht länger zurückhalten. Sein Vater hatte ihm angeboten, ihm beim Bau eines neuen Bootes zu helfen – aber das würde nicht dasselbe sein. Dieses Boot war sein allererstes gewesen. Er hatte es ganz allein gemacht, und ihm allein hatte es gehört.

Nie würde er dieses Boot vergessen.

Wochen vergingen. Hans baute mit seinem Vater ein neues Boot und ließ es auf dem Kanal schwimmen, aber immer und immer wieder dachte er an sein altes. Manchmal lag er wach im Bett, erinnerte sich an den glänzenden Rumpf und die geblähten Segel und fragte sich, wo es wohl jetzt stecken mochte.

Eines Nachmittags fuhr er mit dem Fahrrad in die Stadt, um ein Geburtstagsgeschenk für seine Mutter zu kaufen. Nachdem er etwas Schönes gefunden hatte, wählte er für den Heimweg eine Abkürzung, die ihn durch schmale Seitensträßchen führte. Dort waren die Trödelläden beheimatet, und Hans bestaunte die verstaubten Auslagen in den blinden Fenstern. Was es da nicht alles gab! Plötzlich machte er eine Vollbremsung. Da, mitten in einem Schaufenster zwischen einer alten Gitarre und einem Messingkohleneimer, da stand sein Boot!

Hans lehnte sein Fahrrad an eine Mauer und stürzte in den Laden.

»Das Boot im Fenster!« rief er atemlos. »Das ist meines. Ich hab's gemacht.«

Der alte Ladeninhaber blickte ihn über den Rand seiner Brille an.

»Irrtum, junger Mann«, wies er ihn zurecht. »Es gehört mir. Ich hab's vor Wochen ein paar Jungen abgekauft. Eben erst habe ich es ins Fenster gestellt.«

»Aber ich hab's doch gemacht. Es gehört mir, wirklich! Bitte, geben Sie es mir!«

»Nur wenn du mir den Preis bezahlst. Er steht auf dem Anhänger.«

»Aber ich habe all mein Geld ausgegeben!«

»Dann mußt du dir eben noch was besorgen.«

Hans merkte, daß all sein Reden nutzlos war. Aber noch war es nicht zu spät. Er raste nach Hause. Sein Vater war gerade im Garten beschäftigt.

»Papa!« rief er ihm schon von weitem atemlos zu. »Du mußt mir unbedingt was Geld leihen!«

»Geld leihen? Wofür denn? Und wieviel denn? Und wie willst du's mir zurückzahlen?«

»Ich wasch' dir das Auto oder mähe hundertmal den Rasen

oder mache alles, was du willst. Aber du mußt mir das Geld leihen. Es ist für mein Boot... wenn ich mich beeile, schaffe ich's noch bevor der Laden schließt.«

Der Vater warf einen bedauernden Blick auf seine geliebten Rosen, seufzte und nickte zum Auto hinüber.

»Spring in den Wagen. Es ist schon fast halb sieben. Und im übrigen bringst du das Boot nicht auf dem Fahrrad nach Hause, ohne die Takelage zu beschädigen. Unterwegs kannst du mir genau erzählen, was eigentlich los ist.«

Der alte Mann wollte gerade die Ladentür abschließen, da stürzte Hans auf ihn zu.

»Ich hab' das Geld!« rief er. »Geben Sie mir jetzt bitte mein Boot!«

»Ich verkaufe dir *mein* Boot«, sagte der Alte kichernd und holte es aus dem Schaufenster.

Schweigend fuhren Hans und sein Vater nach Hause. Hans untersuchte seinen Schatz genau. Erst als sie in die Garageneinfahrt einbogen, fand er seine Sprache wieder.

»Weißt du was, Papa?« sagte er. »Ich hab' gerade gedacht, eigentlich gehört mir das Boot jetzt zweimal. Ich hab's gemacht und ich hab's gekauft. Ist das nicht zum Staunen?«

»Ja, da hast du recht«, stimmte sein Vater zu. »Und sicher wirst du jetzt besonders gut darauf aufpassen...«

Aber Hans hörte das schon nicht mehr. Er war aus dem Auto gesprungen, um seiner Mutter die Geschichte zu erzählen.

Gott hat uns für sich selbst geschaffen, doch wir sind ihm davongelaufen, haben nur an uns selbst gedacht und uns um uns selbst gekümmert. Wir haben gesündigt, d. h., wir haben nicht nach Gott und seinem Willen gefragt, und dadurch sind wir Gefangene des Teufels geworden. Aber Gott selbst ist in Jesus Christus zu uns gekommen und hat mit seinem eigenen Leben den Preis für unsere Sünden bezahlt. Gott hat uns erlöst und kann uns deshalb jetzt doppelt als sein Eigentum beanspruchen.

Schlüsselvers

Das Wort »erlösen« in der Bibel bedeutet »etwas zurückkaufen, was einem schon gehört«. Im Buch Jesaja steht:

»Gott, der Herr, der dich ins Leben gerufen (gemacht) hat, sagt: ›Fürchte dich nicht, ich befreie (erlöse) dich. Ich habe dich bei deinem Namen gerufen, du gehörst mir‹« (Jesaja 43,1).

Gebet
Gott, mein Vater im Himmel und mein Schöpfer, danke, daß du mich gemacht hast, damit ich dir gehöre. Danke, daß du mich schon vor meiner Geburt geliebt hast. Danke, daß du in Jesus Christus zu uns gekommen bist, auch zu mir, und den Preis für die Sünde gezahlt hast, als Jesus gestorben ist.
Nun gehöre ich dir zweimal, weil du mich gemacht und mich zurückgekauft hast. Ich will dir gehören.

Zum Nachdenken
Warum kümmert sich Gott wohl immer noch um die Menschen, obwohl sie ihm seit Tausenden von Jahren den Rücken gekehrt haben? Warum hat Gott nicht gesagt: »Na schön, wenn die Menschen ihre eigenen statt meine Wege gehen wollen, dann lasse ich sie eben laufen!«?

. . . der die Mauer zwischen uns und ihm abgerissen hat Bibeltext: Epheser 2,12.18

3. Das geschlossene Fenster

Anna war – von ein paar Erkältungen abgesehen – noch nie richtig krank gewesen. Sie konnte sich gar nicht vorstellen, warum ihr der Hals so weh tat und warum sie sich so elend fühlte. Ihre Mutter blickte sie erstaunt an, als sie den Teller mit ihrem Lieblingsgericht, Bratwurst und Pommes frites, von sich schob.

»Nanu, das hast du doch sonst so gern, Anna!« sagte sie. »Was ist denn los mit dir?«

»Ach, nichts«, flüsterte Anna, und dann schien sich auf einmal die ganze Welt zu drehen, und sie legte den Kopf auf den Tisch.

»Kind, du bist krank!« Mutters besorgte Stimme schien von weit her zu kommen. »Laß mich mal deine Stirn fühlen! Du liebe Zeit, du bist ja der reinste Backofen! Jetzt aber nichts wie ins Bett mir dir, Liebes!«

Es war eine unvergeßliche Nacht. Anna schlief und wachte auf und schwitzte und fror; sooft sie einschlief, hatte sie unheimliche, furchterregende Träume und rief nach ihrer Mutter, die stets an ihrer Seite war. Als der Tag heraufdämmerte und die Vögel zu zwitschern begannen, wachte Anna richtig auf und wollte wissen, was mit ihr los war.

»Dein Hals ist schlimm entzündet, und du hast hohes Fieber«, sagte die Mutter, die aussah, als hätte sie die ganze Nacht kein Auge zugetan. »Papa ruft gerade den Doktor an.«

Der Arzt kam schon bald darauf und untersuchte ihren Hals und dann ihren ganzen Körper. Dabei brummte er etwas vor sich hin und schüttelte mehrmals den Kopf. Er sah ziemlich besorgt aus, und Anna hörte ihn im Flur mit der Mutter sprechen, konnte aber nichts verstehen.

Stunden vergingen, und Anna döste ein und erwachte und trank Wasser, und ihre Mutter saß neben ihr. Dann fiel sie in einen tiefen Schlaf, und es wurde wieder Nacht, und die Mutter schlief neben ihr auf einer Matratze am Boden. »Solange sie da ist«, dachte Anna, als sie einmal erwachte, »so lange ist alles in Ordnung. Wenn nur die schrecklichen Halsschmerzen endlich aufhören würden!«

Am nächsten Morgen läutete das Telefon, und dann kam Vater und richtete ihnen aus, was der Arzt ihm gesagt hatte. »Anna, die Untersuchungen haben ergeben, daß du Diphterie* hast. Du mußt deshalb auf die Isolierstation im Krankenhaus. In etwa einer halben Stunde ist der Krankenwagen hier und holt dich ab.«

»Du kommst aber mit, Mami, oder?« krächzte Anna und sah ihre Mutter mit ängstlichen Augen an.

Die druckste herum und sah ganz verzweifelt aus. »Ich – das darf ich leider nicht«, murmelte sie schließlich. »Sie holen dich hier weg, weil deine Krankheit ansteckend ist. Aber die Krankenschwestern werden bestimmt sehr lieb zu dir sein, und ich besuche dich heute nachmittag.«

Wenn es Anna bessergegangen wäre, hätte sie es im Krankenhaus bestimmt ganz lustig gefunden, denn auf der Station gab es noch andere Kinder, und die Schwestern waren freundlich. Aber ihr Hals brannte immer noch wie Feuer, und sie hatte schrecklich Heimweh, so lag sie nur in ihrem Bett, kämpfte mit den Tränen und blickte zur Tür hinüber.

Mutter hatte versprochen, am Nachmittag zu kommen, und Anna sehnte sich nach ihr, nur nach ihr.

Dann kam auf einmal die Schwester zu ihr herüber und sagte: »Sieh mal, Anna, da am Fenster ist deine Mutter! Nicht hinsetzen; schön liegenbleiben! Wink ihr einfach zu und lach sie an!«

»Aber zeigen Sie ihr doch, wo die Tür ist!« rief Anna. »Lassen Sie sie schnell herein. Ich muß ihr unbedingt was sagen ... es ist unheimlich wichtig.«

»Tut mir leid, Anna«, sagte die Krankenschwester sehr freundlich, »aber hier darf niemand herein, denn all die Kinder auf unserer Station haben ansteckende Krankheiten. Du möchtest doch sicher nicht, daß deine Mutter krank wird, oder? Wenn

*Ansteckende Krankheit, die heute nur noch selten vorkommt, weil Kinder dagegen geimpft werden.

du deiner Mutter was Wichtiges zu sagen hast, sag's mir, ich richte es ihr dann aus.«

Anna schüttelte den Kopf. Sie hatte nichts auszurichten, und sie brachte vor Enttäuschung keinen Ton heraus. Da war ihre Mutter, ihre starke, tröstende Mutter, der einzige Mensch, der ihr jetzt helfen konnte, so nah und wäre so gern ganz bei ihr gewesen; doch sie konnten einander nur hilflos durch die Trennscheibe anschauen. Die Schwester durfte nicht einmal das Fenster öffnen. Sie lächelten einander noch einmal tapfer zu, und dann winkten beide zum Abschied. Anna, die sich schrecklich krank fühlte, vergrub ihren Kopf in den Kissen und weinte, denn es war so, als hätte die Mutter sie überhaupt nicht besucht.

Die Zeit verging im Schneckentempo, und Anna ging es jeden Tag ein wenig besser. Dann geschah etwas Wunderbares. Anna saß in ihrem Morgenmantel am Fenster, und ihre Mutter kam wie gewöhnlich, um sie zu besuchen. Doch an diesem Nachmittag öffnete die Schwester weit das Fenster.

»So, jetzt könnt ihr euch in aller Ruhe unterhalten!« sagte sie.

Und wie sie sich unterhielten! Es gab so viel zu erzählen und zu hören – die Neuigkeiten einer ganzen Woche. Sie redeten und redeten, bis die Sonne hinter den Bäumen verschwand und die Krankenschwester Anna ermahnte, jetzt müsse sie aber wieder ins Bett. Schon lange hatte Anna nicht mehr so tief und fest geschlafen wie in dieser Nacht. Wie gut war es doch zu wissen, daß nie mehr eine Trennscheibe zwischen ihr und ihrer Mutter sein würde. Das Fenster würde nun jeden Tag weit offenstehen.

Jetzt verging auch die Zeit schneller, denn das Wetter war schön, und Anna durfte mit ihrer Mutter im Park spazierengehen und draußen mit anderen Kindern spielen. Und vom Fenster ihres Krankenzimmers aus sah sie blühende Hecken; und Lämmer, die auf den Wiesen umherhüpften. Nun würde es nicht mehr lange dauern, und sie durfte wieder nach Hause.

Endlich war der ersehnte Tag gekommen. Anna trank im Zimmer der Stationsschwester Kakao, da kam der Arzt mit einem Aktenordner in der Hand herein.

»Aha, da bist du ja, Anna«, sagte er. »Na, es scheint alles in Ordnung zu sein. Sie können ihre Mutter anrufen, Schwester, und ihr mitteilen, daß sie Anna heute abholen kann.«

Ich glaube an Gott ...

An diesem Nachmittag mußte Anna sich nicht mehr am Tor von ihrer Mutter verabschieden, sondern konnte mit ihr ins Auto steigen und nach Hause fahren. Keine geschlossenen Fenster mehr und keine Abschiede! Endlich wieder daheim!

Von Gott kommt alles Leben, alle Liebe, aller Trost, alles Glück. Wirkliche, bleibende Freude finden wir nur in der Gemeinschaft mit Gott. Doch die Sünde hat eine Mauer zwischen uns und Gott errichtet. Bevor ich zu Gott kommen kann, muß die Mauer der Sünde abgerissen werden.
Gott ist in Jesus zu mir gekommen und hat durch seinen Tod diese »Mauer« durchbrochen. Er hat – so beschreibt es das Neue Testament in einem anderen Bild – den Schuldschein durchgestrichen und ihn dadurch getilgt, daß er ihn ans Kreuz geheftet hat.
Alle, die darauf vertrauen, daß Jesus *der Weg* ist, können nun ohne Hindernis zu Gott und in sein Reich, den Himmel, kommen.

Schlüsselverse
»Deine Nähe erfüllt mich mit Freude; aus deiner Hand kommt ewiges Glück« (Psalm 16,11).
»Wie eine Mauer steht eure Schuld zwischen euch und eurem Gott; wegen eurer Vergehen hat er sich von euch abgewandt und hört euch nicht« (Jesaja 59,2).

Gebet
Gott, ich weiß, daß nur du mich wirklich glücklich machen kannst. Ich weiß, daß meine Sünde eine Mauer zwischen uns errichtet hat. Aber Jesus hat sie abgerissen. Hilf mir, nie zu vergessen: Wenn ich Jesus vertraue, kann nichts mehr zwischen mir und dir stehen. Dann kann ich zu jeder Tages- und Nachtzeit zu dir kommen. Vielen Dank auch, daß du uns im Himmel eine Stätte bereitet hast. Reinige mich und mach mich bereit, dir zu begegnen, wenn du mich zu dir rufst.

Zum Nachdenken
Warum mußte Gott seinen Sohn sterben lassen, um die Mauer der Sünde abzureißen?
Warum konnte Gott nicht einfach großzügig über die Sünde des Menschen hinwegsehen und seinem geliebten Sohn den Tod am Kreuz ersparen?

II. Ich glaube an Jesus Christus, Gottes Sohn . . .

Jesus Christus: Wie Gott zu uns kam – warum Christus zu uns kam
Bibeltext: Hebräer 1,1.2; 2,9–18

---

4. Warum Scheich Ali rannte

Der arabische Scheich Ali saß am Schreibtisch in seinem prächtig ausgestatteten Büro. Es war der reinste Palast inmitten eines Gartens, wo im Schatten eines knorrigen Maulbeerbaumes Iris und Narzissen blühten. Der Scheich war ein reicher und mächtiger Mann. Vor ihm lagen Kontoauszüge und Hauptbücher und ein Terminkalender, und sein Sekretär schrieb eifrig. Scheich Ali selbst schien in seine Bücher vertieft, doch dazwischen wanderte sein Blick immer wieder durch die Fenster nach draußen, wo ein kleiner Junge in den Ästen des Maulbeerbaumes herumkletterte. Mit seinen dunklen Augen, dem schwarzen Haar und den verwaschenen Jeans sah er aus wie viele andere Jungen in der Umgebung; aber dieser Junge, der da unten spielte, war Sadik, der einzige Sohn und Erbe des Scheichs, der Augapfel seines Vaters. Und weil er vor dem Fenster herumtobte, kam sein Vater an diesem Vormittag weniger schnell mit seiner Arbeit voran als gewöhnlich.

Scheich Ali blätterte nachdenklich in seinem Terminkalender. Am Abend erwartete er wichtige Gäste, und seine Frau hatte zu ihrer Familie reisen müssen, um bei einer Hochzeit dabeizusein. Nun ja, das machte nichts. Schließlich hatte er eine Menge guter Diener. Er drückte auf den Klingelknopf, und ein Bote glitt geräuschlos herein.

»Schick mir Abdullah und den Koch!« sagte der Herr, und einen Augenblick später standen beide in ihren fleckenlosen Uniformen vor ihm.

»Abdullah, geh zum Markt und besorge alles, was für den Abend benötigt wird!«

Abdullah verneigte sich und zog sich zurück.

»Und du, bereite ein reichhaltiges Festmahl zu und laß es auftragen!«

Der Koch nickte zustimmend und verschwand ebenfalls wieder.

»Schick mir den Gärtner!« befahl der Herr, und im Handumdrehen erschien der.

»Pflücke die saftigsten Früchte und die schönsten Blumen!«

Strahlend verschwand der Gärtner wieder. Es machte ihm Freude, den Gästen vorzuführen, was für Herrlichkeiten in seinem Garten wuchsen.

Scheich Ali war zufrieden. Seine Diener würden alle nötigen Vorbereitungen für den Abend treffen. Nun konnte er sich wieder seinen Geschäften zuwenden.

Briefe mußten zugestellt und Besprechungen vorbereitet werden. Bei den Schafgehegen drohte eine Mauer einzustürzen, und der Chef des Bautrupps wurde herbeigerufen. Ein Dutzend andere Angelegenheiten mußten erledigt werden, und ein Dutzend Diener kümmerten sich stillschweigend darum. Der Scheich blieb an seinem Schreibtisch sitzen und nippte an seinem schwarzen Mokka. Er mußte keinen Finger rühren, nur Aufträge erteilen.

Plötzlich ertönte im Garten ein lauter Schrei. Scheich Ali sprang von seinem Schreibtisch auf und rannte zum Fenster. Sein Sohn war ausgeglitten und vom Baum gefallen. Da lag er in einem Irisbeet und weinte herzerweichend.

Sein Vater drückte nicht auf den Klingelknopf. Er ließ auch keinen Diener zu sich rufen. Er rannte an dem diensthabenden Boten vorbei, die Treppe hinunter und an den Türhütern vorüber. Die standen mit offenem Mund da und starrten ihrem Herrn nach, wie er die Steinstufen hinab und den Gartenweg entlangrannte.

»Ich komme, Junge, ich komme!« rief er, und im nächsten Augenblick beugte er sich zu ihm hinunter, hob ihn vorsichtig auf und achtete sorgfältig darauf, daß der verstauchte Knöchel nirgendwo anschlug. Fest drückte er die lehmverschmierte kleine

Gestalt an sich – was kümmerte ihn sein teurer Anzug! – und trug sie an den Türhütern vorbei, an dem diensthabenden Boten und dem Sekretär vorüber direkt in sein eigenes Schlafzimmer.

Gott, unser Schöpfer, Vater und Erlöser, der Ursprung allen Lebens und aller Liebe, hat viele Diener, die seinen Willen ausführen. Doch als er den Schrei seiner Kinder hörte, die ihr Leben mit Sünde zerstört hatten, da schickte er weder einen Engel noch einen Propheten. Da kam *er selbst.* Er wurde in Jesus Christus, seinem Sohn, Mensch.
Paulus schreibt: »In Christus hat Gott selbst gehandelt«, und Jesus hat gesagt: »Wer mich sieht, sieht den Vater.«

Schlüsselverse
»Ihr starken Engel, preist den Herrn, ihr, die ihr ihm aufs Wort gehorcht ... ihr Mächtigen im Himmel, ihr seine Diener« (Psalm 103,20.21).
»Lobt ihn, Blitze, Hagel, Schnee und Wolken, ihr Stürme, die ihr seinen Befehl ausführt« (Psalm 148,8).
»In der Vergangenheit hat Gott oft und auf verschiedene Weise durch die Propheten zu unseren Vorfahren gesprochen. Aber jetzt ... hat er zu uns gesprochen durch den Sohn« (Hebräer 1,1.2).

Gebet
O Gott, mein Schöpfer und mein Vater, ich staune über deine Größe. Du bist der Herr des Weltalls, der Galaxien und Milchstraßen. Deine Diener, die Engel, gehorchen jederzeit deinen Befehlen.
Doch weil ich gesündigt und das Leben verdorben habe, das du mir geschenkt hast, bist du selbst in Jesus gekommen. Dafür danke ich dir. Du liebst mich so sehr, daß Jesus ein Kind geworden ist wie ich, um mir wirklich nahe zu sein und mich zu Gott zu führen.
Jesus, dich will ich lieben. In dir begegnet mir Gott.

Zum Nachdenken
Gott ist uns in Jesus Christus *selbst* zu Hilfe geeilt – was lernen wir daraus über ihn?

In Jesus Christus kam Gott selbst auf diese Erde – doch die Menschen erkannten ihn nicht
Bibeltext: Johannes 1,1–13

5. Der unerkannte Gast

Vor langer, langer Zeit fielen die Wikinger in England ein, ein wildes Seefahrervolk, das überall Angst und Schrecken verbreitete. Die Wikinger hatten große Kriegsschiffe mit Drachenköpfen am Bug. Und die Krieger selbst trugen eiserne Helme. Wohin sie auch kamen, plünderten und mordeten sie und setzten Häuser und Kirchen in Brand. Die Engländer flohen vor ihnen, bis der mutige König Alfred sie zur See und an Land anzugreifen wagte. Am Anfang errang er manche Siege, doch dann wurde auch er zurückgeschlagen. Seine Feinde verfolgten ihn. Er mußte aus seinem Schloß fliehen und sich, als Landstreicher verkleidet, im Wald verstecken. Der Wikingerkönig versprach dem, der ihm König Alfred ausliefern würde, eine Belohnung. Deshalb gab sich der englische König nur wenigen Getreuen zu erkennen.

Einer von ihnen war der Hirt Ulfric. Er liebte seinen König und hätte ihn niemals verraten. Ulfric bat den König, in seiner Hütte einzukehren. Aber er vertraute seiner Frau nicht ganz, denn sie war ein wenig schwatzhaft. Deshalb erzählte er ihr nicht, was für einen Gast er da eingeladen hatte.

König Alfred war ganz verzweifelt und saß stundenlang am Tisch, dachte über sein verlorenes Königreich nach und überlegte, wie er die Wikinger am Ende doch noch vertreiben könnte. Die Frau des Hirten aber konnte nichts mit einem kräftigen Mann anfangen, der immer nur brütend am Tisch saß. Und wenn er etwas sagte, ahnte sie nicht, daß sie die Stimme ihres Königs hörte. Es gab so viel Arbeit, und sie verstand nicht, warum ihr Mann einen so faulen Landstreicher im Hause duldete. Also wartete sie, bis Ulfric zu seiner Herde gegangen war. Dann sagte sie dem Fremden die Meinung.

»Nun paß mal auf, guter Mann!« befahl sie. »Du brauchst hier nicht untätig herumzusitzen. Viel taugst du zwar offenbar nicht, aber du kannst wenigstens auf den Kuchen auf dem Ofenrost aufpassen, während ich zum Brunnen gehe. Wenn er braun zu werden beginnt, drehe ihn um. Wenn er durch und durch braun ist, nimm ihn vom Herd!«

König Alfred saß gedankenverloren vor dem Herd. Vielleicht sah er im Schein der Flammen Bilder des Sieges. Wenn er doch nur seine Soldaten zusammentrommeln könnte ... wenn sie doch nur den Feind besiegen könnten ... wenn er wenigstens mit seinen Offizieren sprechen könnte ...

Eine Ohrfeige und ein ärgerlicher Wortschwall weckten ihn aus seinen Siegesträumen. Im nächsten Augenblick roch er auch schon: Da war etwas verbrannt. Der Kuchen war pechschwarz verkohlt, und die Frau des Hirten war furchtbar zornig.

»Du fauler Nichtsnutz!« schrie sie ihn an. »Kann ich dir denn nicht einmal ...«

»Aber Frau, was machst du denn?« erklang in diesem Augenblick Ulfrics erschrockene Stimme von der Tür her. Er merkte, daß er sie so nicht zum Schweigen bringen könnte. Deshalb fügte er in seiner Verzweiflung hinzu: »So schweig doch endlich, Frau! Erkennst du denn deinen König nicht?«

Wir wissen nicht, was dann geschah. Doch es wird berichtet, daß König Alfred ein freundlicher und gerechter Mann war. Wahrscheinlich hat ihm seine Nachlässigkeit leid getan. Wir wissen auch, daß er schließlich seine Getreuen um sich geschart und die Feinde bekämpft und besiegt hat.

Alfred kehrte zu seinem Schloß zurück und regierte viele Jahre lang als geliebter und geachteter König. Nie vergaß er, wie Ulfric für ihn gesorgt hatte. Er holte ihn von seiner Herde weg und machte ihn zum Bischof. So wird sich Ulfrics Frau noch oft vor dem König verneigt haben, den sie nicht erkannt hatte, als er verkleidet zu ihr kam.

Als Jesus die Herrlichkeit des Himmels verließ und in Bethlehem als Kind zur Welt kam, hieß es von ihm:

Schlüsselverse

»Er kam in die Welt und war in der Welt, um allen Menschen Licht zu geben. Die

Welt war durch ihn geschaffen worden, und doch erkannte sie ihn nicht. Er kam in sein eigenes Land, doch sein eigenes Volk wies ihn ab« (Johannes 1,10.11).

Nur ganz wenige Leute merkten, daß in dem Baby Gott zu ihnen gekommen war. Später hielten ihn seine Brüder und die Nachbarn für einen ganz gewöhnlichen jungen Mann. Als er Wunder vollbrachte, meinten die meisten, er sei einfach ein besonders guter Mensch.
Einige wenige aber erkannten ihn als Gott – die Hirten und die Weisen aus dem Osten; Simeon und Anna; seine Eltern; später seine Jünger und ein paar Menschen, die er geheilt oder mit denen er gesprochen hatte; und der römische Hauptmann beim Kreuz.

Gebet
Gott, lieber Vater, danke, daß du in Jesus zu uns in diese Welt gekommen bist. Wenn ich in den Evangelien von Jesus lese, dann hilf mir zu erkennen, wie herrlich er ist. Danke, daß die Worte Jesu in der Bibel Gottes Worte sind.

Zum Nachdenken
Gott ist anders in die Welt gekommen, als die meisten das erwarten – nicht in Herrlichkeit und Pracht, wie ein König. Wie hättest *du* ihn erwartet?
Was meinst du – ob Gott wohl auch heute noch zu uns kommt, ohne daß wir ihn erkennen?

Warum Jesus als Mensch auf dieser Erde gelebt hat
Bibeltext: 1. Petrus 2,21–25

6. Fußspuren im Schnee

Susi war begeistert. Ihre Eltern hatten ein Bauernhaus gekauft – ein richtiges Bauernhaus auf dem Land! Das würde toll sein, da zu leben! Im April fuhr die ganze Familie zum erstenmal hin, um das Haus und das dazugehörende Land zu betrachten. Ob die Eltern wohl die richtige Wahl getroffen hatten?

Martin ließ sich von Vater die Werkstatt und den Geräteschuppen zeigen. Mutter machte sich gleich im Haus zu schaffen. Unterdessen erkundete Susi die Umgebung. Die Wiese hinter dem Haus wurde von einem steilen Hang mit einem Steingarten begrenzt. Dahinter lag ein Obstgarten mit blühenden Apfelbäumen. Susi ließ sich einfach auf den weichen Boden fallen und blickte zu den leuchtenden Apfelblüten hinauf. Und so fand der Rest der Familie sie zwanzig Minuten später.

Die Mutter lachte. »Das Haus interessiert dich wohl gar nicht, Susi!« meinte sie. »Aber denk dran, im Baumgarten kannst du nicht wohnen.«

»Doch, doch! Natürlich interessiert mich das Haus«, sagte Susi und sprang auf. »Gibt es ein Kinderzimmer mit Blick auf den Obstgarten? Und kann ich das haben? Bitte!«

»Und kann ich mir auf dem kleinen Speicher eine Werkstatt einrichten?« fragte Martin.

»Und kann ich im hintersten Winkel des Obstgartens einen Stall bauen und Hühner halten?« lachte der Vater.

Jeder bekam, was er sich wünschte. Die weißen Leghornhennen fühlten sich offensichtlich ebenso wohl wie die Menschen, und die Kinder freuten sich jeden Tag darauf, die Eier einzusammeln. Da der Vater schon ganz früh am Morgen zur Arbeit fahren mußte und erst nach sechs am Abend heimkehrte, brachte Martin den Hühnern das Frühstück, bevor er zur Schule aufbrach, und Susi versorgte sie mit dem Abendessen, wenn sie von der Schule heimkehrte. Sie fand es herrlich, durch das hohe Gras, den Klee und den Sauerampfer im Obstgarten zu stapfen und dann zu warten, bis sich alle Hühner um sie geschart hatten.

»Im Frühling fangen sie an zu brüten«, freute Susi sich, »und ich werde zusehen, wie die Küken schlüpfen.«

Der Herbst kam. Der Wald jenseits des Gartens färbte sich rot, braun und golden, und die Schwalben flogen davon. Dann begannen die Blätter zu fallen. Im Haus wurde abends das Kaminfeuer angezündet; und eines Nachts, als alle schliefen, begann es zu schneien.

Drei Nächte und zwei Tage lang schneite es heftig und ununterbrochen. Das ganze Land lag bald unter einer tiefen Schneedecke. Die Hühner drängten sich gackernd in ihren Verschlägen zusammen, und die Rotkehlchen holten sich ihre Nahrung vom Fensterbrett. Am dritten Morgen stand der Vater noch etwas früher als gewöhnlich auf und schaufelte einen Weg von der Haustür bis zur Straße frei. Die Kinder liefen in den Fahrrinnen zur Schule. Am nächsten Tag war Samstag, da wollten sie Schlittenfahren.

Um vier Uhr kam Susi aus der Schule. Sie legte den Heimweg allein zurück, denn Martin war noch zu einem Freund gegangen. Sie genoß es, durch die stille Landschaft zu wandern. Sie bemerkte all die vielen Abdrücke kleiner Krallen im Schnee und, wo die Straße am Waldrand entlang verlief, die Spuren kleiner Hufe. Im Westen herrschte ein gelber Lichtschein, und die Felder waren in seltsame blaue Schatten getaucht. Das Haus lag dunkel und schweigend da, denn Mutter war unterwegs zu einer Bekannten.

Susi zog sich rasch um, legte ihre Gummistiefel an und bereitete das Hühnerfutter zu. Den armen Tieren war es bestimmt kalt und langweilig, dachte sie, während sie nach draußen eilte. An der Haustür blieb sie plötzlich stehen und stöhnte. Wie sollte sie denn überhaupt zum Hühnerstall kommen? Sie war klein und leicht für ihr Alter, und der Schnee reichte ihr bis an die Knie!

Die Sonne verschwand schon hinter dem Horizont, und bis Martin zurückkehrte, würde es stockfinster sein. Susi mußte sich etwas einfallen lassen!

Sie blickte über die schneebedeckte Wiese. Waren das nur Schatten, oder waren da wirklich Spuren im Schnee? Im Dämmerlicht war das kaum zu erkennen.

Dann fiel Susi plötzlich ein: Martin hatte den Hühnern doch am Morgen ihr Frühstück gebracht! Also mußte er den Weg zum Hühnerstall schon einmal zurückgelegt haben. Sicher, das war schon manche Stunden her, und der leichte Schneefall während des Tages hatte seine Spuren fast verwischt. Aber sie konnte es wenigstens versuchen. Sie setzte ihren Fuß sorgfältig in den ersten Abdruck. Und tatsächlich – sie sank nicht ganz ein, weil der Schnee darunter festgetreten war. Wenn sie also Martins Fußstapfen folgte, würde sie sicher zum Hühnerstall gelangen!

Es war sehr schwierig, denn Martin hatte lange Beine und Riesenfüße. Aber irgendwie schaffte Susi es, das Gleichgewicht zu halten, sich zu strecken und mit ihren kleinen Füßen in den Spuren ihres älteren Bruders zu bleiben. Im Obstgarten wurde es dann etwas leichter, weil sie sich an den Apfelbaumzweigen festhalten konnte. Die Hühner freuten sich, sie zu sehen, und hießen sie mit lautem Gegackere willkommen. Susi räumte etwas Schnee zur Seite, so daß sie ins Freie kommen und sich auf ihre Mahlzeit stürzen konnten. Es hatte aufgehört zu schneien, und Susi blieb bei den Tieren, bis auch das letzte in den Stall zurückgehüpft war. Sie war richtig froh, daß ihr Gackern und Scharren die unheimliche Stille der weiten schneebedeckten Landschaft unterbrach.

Der Rückweg war einfacher, denn die Spuren waren jetzt besser zu sehen. Allerdings hatte Susi inzwischen eiskalte Füße, und die Welt sah grau und unheimlich aus. Als sie jedoch am Ende des Obstgartens angelangt war, sah sie, daß das Küchenfenster hell erleuchtet war. Welch ein Glück – die Mutter war heimgekommen! Wie freute sich Susi darauf, ihre Stiefel auszuziehen, etwas Warmes zu trinken und ihrer Mutter zu erzählen, wie sie den Weg zum Hühnerstall geschafft hatte.

Die Fußspuren führten sie direkt bis zur Tür, und Susi sprang mit einem Satz in die Wärme und das Licht.

»Bist du's, Susi?« rief die Mutter aus der Küche. »Mach schnell die Tür zu! Es ist schrecklich kalt draußen, nicht? Komm, machen wir es uns am Kamin bequem!«

Schlüsselvers
»Christus hat für euch gelitten und euch ein Beispiel gegeben. Bleibt auf dem Weg, den er euch voranging; folgt seinen Spuren!« (1. Petrus 2,21)

Gebet
Vater im Himmel, danke, daß ich in den Evangelien lesen kann, wie Jesus gelebt hat. Ich kann darin gewissermaßen seine Fußspuren erkennen, einen hellen Weg des Gehorsams, der Liebe, der Wahrheit und des Mutes.
Hilf mir, Tag für Tag in den Fußstapfen Jesu zu gehen, seinem Vorbild nachzueifern. Ich weiß, wie oft ich meine eigenen Wege gehe. Hilf mir heute, Jesus wirklich nachzufolgen und so zu leben und zu reden, wie Jesus es getan hat, als er in meinem Alter gewesen ist.
Und führe mich schließlich bitte in deine Heimat im Himmel!

Zum Nachdenken
Warum hat Jesus 33 Jahre lang auf dieser Erde gelebt? Warum ist er ein Kind geworden, ein junger Mann in einer Zimmermannswerkstatt, ein Mann, der umherzog und müde, hungrig und heimatlos wurde? Was ist für dich das Wichtigste am Vorbild von Jesus?
Wie kannst du selbst diesem Vorbild am besten nacheifern?

Jesus – sein Leben und Vorbild
Bibeltext: Johannes 13,1–13

7. Der Mann, der anders war

Vor vielen Jahren, als Ausländer noch frei in China herumreisen konnten, wanderten an einem frühen Morgen zwei junge Männer auf einer schmalen, schlechten Landstraße. Jeder von ihnen trug auf dem Rücken einen Rucksack mit Bibeln, Neuen Testamenten und Evangelien. Ihr Ziel war eine kleine, abgelegene Marktstadt, wo sie ihre Bücher verkaufen und, wenn möglich, den Leuten von dem lebendigen Gott erzählen wollten. Die schmale Straße führte zwischen tiefgrünen Reisfeldern hindurch, und nach etwa zwei Stunden kamen die beiden Freunde in den Außenbezirken der Marktstadt an. Schon von weitem sahen sie den großen Platz, auf dem es von Menschen, Maultieren und allen möglichen Waren wimmelte. Die jungen Männer zögerten.

»Europäer wie uns haben sie vielleicht noch nie gesehen«, sagte der Jüngere, der Jakob hieß.

»Nein, aber wir zeigen ihnen einfach die Bücher«, meinte David, der Ältere der beiden. »Komm weiter, ich glaube, sie haben uns entdeckt.«

Er hatte recht. Als sie näher kamen, wandten sich ihnen alle Gesichter zu, und bald waren sie von einer neugierigen Menschenmenge umringt. Manche lachten, andere blickten sie fragend an, doch niemand schien ihnen feindlich gesinnt zu sein. Sie konnten viele Bücher verkaufen, denn obwohl die meisten Bauern, die zum Markt zusammengeströmt waren, selbst nicht lesen konnten, hatten doch viele von ihnen Kinder oder andere Verwandte, die diese Kunst beherrschten. Bücher waren etwas Seltenes und Wertvolles – und die Bücher der beiden Männer waren so billig!

David und Jakob gingen langsam über den Markt. Sie sahen viel Schmutz und Häßlichkeit. Bettler schrien mit heiserer Stimme nach Münzen, und die Händler stießen sie zur Seite.

Überall wurde gehandelt und gestritten, überall versuchten die Leute, einander zu betrügen oder zu übervorteilen.

Die beiden jungen Freunde steuerten auf eine Baumgruppe zu. Dort ließen sie sich zwischen den Menschen nieder, die im Schatten ihr Mittagessen einnahmen, und packten ihre restlichen Bücher aus.

»Erzählt uns, was in euren Büchern steht!« forderte einer der Bauern sie auf. »Wir können nicht lesen.«

Was konnte David ihnen erzählen? Wenn er ihnen von dem lebendigen, liebenden Gott berichtete – würden sie das begreifen? Würde es sie überhaupt interessieren? Er blickte in die Gesichter, die sich ihm zugewandt hatten – manche sahen müde aus, andere gierig und hinterhältig. Und dann begann David von Jesus zu erzählen, von dem Mann, der allen Menschen wohltat. Er erzählte von dem Jesus, der die Leute aufgefordert hatte, ihre Feinde zu lieben; und der gesagt hatte: »Freuen dürfen sich alle, die Frieden schaffen, die barmherzig sind, die ein reines Herz haben.« Die Leute hörten David erstaunt zu, und immer mehr versammelten sich um ihn. David kam jetzt richtig in Fahrt und erzählte weiter und weiter ...

Plötzlich wurde er unterbrochen. Ein Mann drängte sich durch die Menge und rief ganz aufgeregt: »Ich kenne den Mann! Er lebt in unserem Dorf! Kommt, ich bringe euch zu ihm.«

Vergeblich erklärte David, daß der Mann, von dem er gesprochen hatte, vor langer Zeit diese Erde verlassen hatte. Der Chinese wischte all seine Erklärungen beiseite. »Nein, nein!« versicherte er. »Dieser Freund von euch – der ist wirklich einmalig. Er wird glücklich sein, euch zu sehen, da ihr ihn doch so gut kennt. Kommt, folgt mir! Er wohnt im nächsten Tal.«

David und Jakob waren inzwischen nur zu bereit, dem Mann zu folgen. Seine Worte hatten sie neugierig gemacht, und sie hatten noch viel Zeit. Der Bauer hatte es sehr eilig mit dem Aufbruch, und so schnallten sie sich ihre Rucksäcke auf den Rücken und folgten ihm. Ihr Mittagessen nahmen sie beim Wandern ein. Nach etwa einer Stunde kamen sie in dem Dorf an, einigen heruntergekommenen Hütten, die über eine weite Fläche verstreut waren. Neben den Hütten wälzten sich Schweine im Schmutz. An den Straßenrändern türmte sich der Abfall.

»Dort hinten lebt euer Freund«, sagte der Bauer und stieß ein Kind mit kranken, geschwollenen Augen aus dem Weg. »Er wird staunen, euch zu sehen.«

Noch bevor der Bauer vor einem Haus hielt, wußten David und Jakob, daß sie am Ziel angekommen waren. Vor dieser Hütte türmte sich kein Unrat. Das Haus war nicht von festgetretenem Lehm umgeben, sondern von einer grünen Wiese. Alles war ganz anders.

Der Mann, der zur Tür kam, war ebenfalls anders. Sein Gesicht war offen und freundlich. Das Kind mit den kranken Augen, das ihnen gefolgt war, ging zögernd zur Tür und wurde nicht weggestoßen.

»Deine Freunde«, sagte der Bauer. »Sie haben auf dem Markt von dir gesprochen. Ich habe sie hierhergebracht.«

Jakob drückte dem Bauern die Münze in die Hand, die dieser erwartet hatte, und er ging davon. Die beiden Freunde standen allein diesem freundlichen Fremden gegenüber, der irgendwie kein Fremder war.

»Kommt herein!« sagte der Mann höflich. »Setzt euch. Ihr seid weit gewandert, und ich kann euch nur wenig anbieten. Ich mache euch einen Tee.«

Während sie tranken, unterhielten sie sich.

»Was macht ihr denn in diesem abgelegenen Dorf?«

»Wir verkaufen Bücher.«

»Wovon handeln eure Bücher?«

»Von Gott, dem Schöpfer, und seinem Sohn Jesus Christus.«

»Jesus?« Der Mann erhob sich, und sein Gesicht leuchtete auf einmal auf. »Sollte er das sein? Kennt ihr ihn?« fragte er atemlos. »Könnte das der Mann sein, den ich kenne?«

Er ging zu einer Kiste hinüber und kam mit einem alten, zerlesenen Markusevangelium in der Hand zurück.

»Dies ist das Buch, das von meinem Jesus berichtet«, sagte er, und er sprach den Namen besonders liebevoll aus. »Vor vielen Jahren hat ein Mann mir dieses Buch auf dem Markt verkauft, und ich habe es Tag und Nacht immer wieder gelesen. Noch nie war ich einem solchen Mann begegnet. Ich sagte: ›Er ist so gut! Kann ich wohl jemals so wie er werden?‹ Jeden Tag frage ich mich, was er wohl tun würde, wenn er hier in meinem Haus wäre.

Manchmal meine ich, er sei wirklich hier, in dieser Hütte, und er pflüge oder ernte mit mir oder gehe neben mir auf der Straße zum Markt. Könnte das derselbe Jesus sein, den ihr kennt?«

Die beiden Freunde blickten den Mann an, sahen in das helle Gesicht, aus dem soviel Liebe strahlte. »Ja, es ist derselbe Jesus«, sagte Jakob. »Es gibt nur einen.«

»Na, habe ich recht gehabt?« Der Bauer, der sie hergebracht hatte, war noch einmal zurückgekehrt und steckte seinen Kopf zur Tür herein. »Ist das der Mann, über den ihr gesprochen habt?«

»Der Mann, von dem wir gesprochen haben, ist hier bei uns«, versicherte David. »Er lebt in diesem Haus. Du hast ganz recht gehabt.«

Habt ihr je eine Wiese mit Butterblumen vor Sonnenaufgang gesehen? Habt ihr bemerkt, wie alle Blüten geschlossen waren? Und seid ihr dann ein paar Stunden später zurückgekommen und habt gesehen, daß sich all die goldenen Blüten geöffnet hatten und in der Sonne leuchteten? Sie müssen sich dafür nicht anstrengen und abmühen, sondern nur dem Licht entgegenstrecken. Genauso geht es uns auch als Christen. Wenn wir die Bibel lesen und Jesus anschauen, sein vollkommenes und liebevolles Leben, dann wird Jesus unser Leben immer mehr verwandeln, so daß wir ihm immer mehr gleichen.

Schlüsselvers

»Wir alle sehen mit unverhülltem Gesicht die Herrlichkeit des Herrn. Dabei werden wir selbst in das verwandelt, was wir sehen, und bekommen mehr und mehr Anteil an seiner Herrlichkeit« (2. Korinther 3,18).

Gebet

Vater im Himmel, wenn ich die Evangelien lese, dann möchte ich Jesus immer besser kennenlernen. Ich möchte über ihn nachdenken und wie er werden. Ich bitte dich, verändere mich so, daß ich ihm immer ähnlicher werde.

Zum Nachdenken

Lest in eurer Familie einmal ein Evangelium, vielleicht das Markusevangelium. Freut euch daran, wie Jesus ist und was er getan hat. Freut euch an seiner Liebe, und dankt ihm dafür!

Wenn es stimmt, was der Apostel Paulus in 2. Korinther 3,18 geschrieben hat – und es stimmt ganz gewiß –, dann werdet ihr selbst verändert, indem ihr Jesus so anschaut.

Jesus – das Opfer seines vollkommenen Lebens
Bibeltext: Römer 5,6–21

8. Der Ring und die Rosen

Als Hans geboren wurde, ahnte niemand, daß ihm irgend etwas fehlte. Er war einfach ein schönes Baby. Erst als er einige Monate alt war, begannen bei seinen Eltern Ängste und Fragen.

Warum wandte er nie den Kopf um, wenn sie ins Zimmer traten? Warum zuckte er nie zusammen, wenn seine ältere Schwester die Tür zuknallte? Warum hatte er offenbar überhaupt keine Freude an seiner Rassel?

Schließlich gingen die Eltern mit dem kleinen Hans zum Arzt, und der bestätigte ihnen, was sie befürchtet hatten: »Hans ist völlig taub, und so wird er vermutlich auch nie sprechen können.«

Zuerst waren die Eltern ganz verzweifelt, aber mit der Zeit schien es unmöglich, traurig zu sein, wenn der kleine Hans in der Nähe war. Er war so fröhlich, so klug, so begierig, die Welt mit seinen Augen zu erforschen. Er lernte es, ihnen die Worte von den Lippen abzulesen und ihre Zeichensprache zu verstehen, und auch sie begriffen bald, was er ihnen mit seinen Handzeichen und seinen seltsamen Lauten sagen wollte. Die Eltern schickten ihn zu einer besonderen Schule für taube Kinder, und dort lernte er noch viel besser, andere zu verstehen und sich selbst verständlich zu machen. Seine Mutter beobachtete ihn oft und dachte: »Wie kann ich traurig sein? Hans ist doch der klügste und fröhlichste Junge der Welt!«

Vögel und Blumen hatte Hans besonders gern, und er konnte stundenlang durch Felder und Wälder streifen. Doch niemand erzählte ihm von Gott, der das alles gemacht hatte, bis sein Onkel zu ihnen zog. Der brachte ein Bilderbuch mit biblischen Geschichten mit. Hans und sein Onkel verstanden einander schnell, und bald saßen sie Abend für Abend zusammen, und Hans lernte mit Hilfe der Bilder und Zeichen und indem er dem Onkel die

Worte von den Lippen ablas, daß Gott in Jesus zu uns gekommen ist, und daß er, Hans, Gott kennenlernen könnte, indem er Jesus kennenlernte. Er hatte sich schon immer gewundert, wer die Samenkörner wachsen ließ und wer die Schwalben leitete, wenn sie weit weg in den Süden flogen. Wie froh war Hans, als der Onkel ihm nun von Gott erzählte.

Sie hatten die meisten der Bilder angeschaut, und Hans wußte nun schon eine ganze Menge über die Liebe und Güte von Jesus. Als der Onkel jedoch an einem Abend eine neue Seite in dem Buch aufschlug, sah Hans ein Bild von Jesus, der zwischen zwei anderen Männern an einem Kreuz hing. Um die drei Kreuze herum war eine große Menschenmenge versammelt. Hans verstand nicht, was da geschah, und er hätte vor Zorn und Enttäuschung fast geweint. Mit Hilfe eines weißen und eines schwarzen Papierherzens versuchte sein Onkel ihm zu erklären: Jesus, der ein reines und sündloses Herz hatte, ist für die Sünden all der Menschen gestorben, die ein sündiges Herz haben.

Vieles verstand Hans nicht, auch nachdem er das Bild immer und immer wieder angeschaut hatte. Daß ein Mensch für einen anderen sterben konnte, das begriff er. So deutete er mit dem Finger auf Christus, dann auf den sterbenden Dieb und nickte. Aber wie konnte ein Mann für so viele Menschen sterben – die ganze Menschenmenge unter dem Kreuz, all die Menschen, die auf dem Weg daran vorbeigingen? Hans wies mit dem Finger auf die vielen Gestalten auf dem Bild und schüttelte den Kopf.

Sein Onkel dachte eine Weile nach. Dann zog er seinen goldenen Ehering vom Finger und legte ihn auf den Tisch. Anschließend ging er in den Garten, wo noch die letzten Rosen blühten, und pflückte einen Strauß halbverblühter Blumen, die schon ganz unansehnlich waren und fast auseinanderfielen. Er setzte sich an den Tisch und legte ein einzelnes Blütenblatt neben den Ring.

»Was möchtest du – Blütenblatt oder Ring?« fragte er mit Hilfe von Zeichen.

Hans deutete auf den Goldring.

Sein Onkel schüttelte eine Rose über dem Tisch und schob die heruntergefallenen Blütenblätter zu einem Haufen zusammen. Es waren ungefähr zehn.

»Was möchtest du jetzt?« fragte er wieder durch Zeichen.

Erneut wies Hans auf den Goldring.

Der Onkel machte immer weiter, schüttelte die welken Blüten über dem Tisch und schob die Blütenblätter zu einem großen Haufen neben dem glänzenden Ring zusammen. Aber selbst als über hundert Blütenblätter dalagen, wies Hans ohne zu zögern auf den Ring.

Plötzlich begriff er und gab seinem Onkel zu verstehen, er könne aufhören. Er wischte die Blütenblätter zur Seite und legte den Ring vorsichtig auf das Kreuz in seinem Buch. Dann verteilte er ein paar Blütenblätter auf die Volksmenge. Er hatte verstanden: Selbst wenn sein Onkel alle Rosen der Welt pflücken und verstreuen würde, dann wäre der Ring doch immer noch viel wertvoller als alle welken Blütenblätter. Und nun begriff er auch, daß das reine, sündlose Leben des Mannes, der da am Kreuz hing, wertvoll genug war, um damit für die Sünden aller Männer, Frauen und Kinder der Welt zu bezahlen. Mit glücklichem Lächeln legte Hans seine Hand auf den goldenen Ring.

Schlüsselvers

»So wie jeder Mensch ein einziges Mal stirbt und dann vor das Gericht Gottes kommt, so hat sich auch Christus einmal geopfert, um die Sünden aller Menschen zu beseitigen« (Hebräer 9,27.28).

Gebet

Herr Jesus Christus, dein Leben war vollkommen und sündlos. Und als du es für Sünder in den Tod gegeben hast, da war dies ein vollkommenes Opfer.

Danke, Herr Jesus, daß du deine Liebe für meine Selbstsucht dahingegeben, deine Güte für meine Sünde geopfert hast.

Hilf mir, die Bedeutung deines Todes zu begreifen. Hilf mir, dich zu lieben, weil du mich so sehr geliebt hast.

Zum Nachdenken

Was bedeutet *dir* der Tod Jesu?

III. . . . der am Kreuz starb, um die Welt und mich zu retten . . .

Jesus starb, um mich vor dem ewigen Tod zu retten
Bibeltext: Römer 5,6–9

9. Der sicherste Ort

Der Bauernhof flimmerte in der hochsommerlichen Mittagshitze. Die Getreideernte war eingebracht, und schon bald würde die Zeit der Obsternte herangekommen sein. Der Bauer blickte, die Arme auf den Holzzaun aufgestützt, zufrieden über die Stoppelfelder. Die Ernte war gut gewesen, und die Geflügelzucht hatte sich gelohnt.

Fröhlich vor sich hin pfeifend, ging er zum Wohnhaus hinüber, wo seine Frau schon mit dem Essen auf ihn wartete.

Bill, der Knecht, genoß seine Mittagspause im Schatten eines großen Apfelbaumes. Er hatte seine Brote verzehrt und seinen Krug mit Wasser geleert und träumte vor sich hin. Noch lag eine halbe Stunde Pause vor ihm, und es war ein herrliches Gefühl, alle Muskeln zu entspannen. Der Duft frischer Kräuter wehte zu ihm herüber. Bill sog ihn tief in seine Lungen, schloß die Augen . . . und war im nächsten Augenblick eingeschlafen.

Irgendein ungewohntes Geräusch weckte ihn. Was war denn das? Klang das nicht wie Prasseln von Flammen? Und war das nicht Rauchgestank? Entsetzt sprang er auf. Die Scheune! Tatsächlich, da quoll Rauch zwischen den Ritzen der Holzwände hervor!

Bills Gedanken rasten. Sollte er die Zigarette, die er kurz vor der Mittagspause beim Arbeiten in der Scheune geraucht hatte, nicht richtig ausgedrückt haben? Hundertmal hatte ihm der Bauer verboten, in der Scheune zu rauchen, aber . . .!

Bill spurtete zur Scheune hinüber. Als er die Tür aufriß, schlugen ihm helle Flammen entgegen, die durch die hereinströmende frische Luft nur noch stärker entfacht wurden. Hier konnte Bill allein nichts mehr machen. Im Gegenteil, wenn er nicht schnell Hilfe holte, würde sich das Feuer zum Hühnerstall und zum Haupthaus hin ausbreiten.

Bill rannte, so schnell er konnte, los. Der Bauer saß bestimmt noch in der Stube beim Mittagessen, und von dort aus war die Scheune nicht zu sehen. Bill riß die Haustür auf, brüllte: »Feuer!« in den Flur hinein und stürzte zum Telefon. Mit zitternden Fingern wählte er die Nummer der Feuerwehr. »Kommen Sie schnell!« rief er in den Hörer. »Es brennt bei uns – auf dem Hof an der Hauptstraße, etwa vier Kilometer vom Dorf entfernt!«

Er warf den Hörer auf die Gabel, und da stand auch schon der Bauer kreidebleich neben ihm.

»Die Scheune brennt!« keuchte Bill. »Die ist nicht mehr zu retten. Wir müssen sehen, daß die Geflügelställe und das Haus nicht auch noch in Flammen aufgehen!«

Während sie nach draußen rannten, knurrte der Bauer: »Öffne die drei Tore, die zu den Wiesen führen, und scheuche die Hühner in diese Richtung. Den Weg finden sie dann schon selbst. Ich schließe inzwischen den Schlauch an.«

Gemeinsam bekämpften sie das Feuer, bis ihre Gesichter pechschwarz und ihre Augenbrauen angesengt waren. Die Frau des Bauern hatte inzwischen die Kinder ans entfernte Ende der Pferdekoppel gebracht und war nun dabei, die wichtigsten Habseligkeiten aus dem Haus in Sicherheit zu bringen. Wenn das Feuer tatsächlich aufs Wohnhaus übergriff, würde ihr dazu keine Zeit mehr bleiben.

Sie war die erste, die die Sirenen der Feuerwehr hörte.

Es dauerte einige Zeit, bis das Feuer eingedämmt war. Von der Scheune war nicht mehr als ein riesiger, nasser Aschenhaufen übriggeblieben, aber die Geflügelställe, das Wohnhaus und der Stall waren gerettet. Die Frau des Bauern brachte die Kinder und all ihre Habseligkeiten wieder ins Haus zurück und kochte den erschöpften Feuerwehrmännern einen Tee. Bill machte sich auf den Heimweg, bevor jemand fragen konnte, wie das Feuer eigentlich angefangen hatte.

Der Bauer ging zum Hühnerstall hinaus, um den Hühnern ihr Futter zu bringen, und die kamen gackernd und mißtrauisch zurück. Er zählte sie sorgfältig. Eine Familie fehlte – die weiße Henne und ihre Küken.

Wo mochten sie wohl sein? Die Küken waren noch ganz klein – neun winzige gelbe Federbälle. Der Bauer verstand das nicht. Er hatte sie doch gesehen, wie sie hinter der Henne her ins Freie gerannt waren, zum offenen Feld hin. Und er wußte, daß diese Henne eine ausgezeichnete Mutter war. Wo mochten die Tiere sein? Er mußte sie suchen. Doch wohin er auch ging, er fand nichts. Endlich kam er wieder bei der heruntergebrannten Scheune an, und dort blieb er plötzlich stehen und starrte auf den Boden.

Dort, ganz in der Nähe der Mauerreste, saß die Henne. Ihr Kopf hing zu einer Seite herab, ihre Federn waren angebrannt, fast schwarz. Sie war tot. Dabei hätte sie sich ohne weiteres in Sicherheit bringen können. Nichts behinderte ihren Weg in die Freiheit. Warum nur hatte sie sich dahingehockt und war so gestorben? Der Bauer bückte sich zu ihr hinab und hob sie auf – und unter ihren leblosen Flügeln kamen quicklebendig und piepsend die neun flaumigen Küken hervor. Der Bauer fing sie ein und setzte sie in eine Kiste, die er mit einer alten Wolldecke ausgepolstert hatte. So brachte er sie in die Küche und stellte sie neben dem warmen Herd ab.

Die kleine siebenjährige Tochter des Bauern konnte sich gar nicht beruhigen. »Sie hätte sich doch ohne weiteres in Sicherheit bringen können, nicht wahr, Papa?« sagte sie immer wieder. »Aber die Küken waren bestimmt zu klein, um schnell zu rennen ... Vielleicht haben sie auch in all dem Rauch den Weg nicht gefunden ... Vielleicht sind sie in die falsche Richtung gelaufen. Jedenfalls hat die Henne gewußt, daß der sicherste Ort unter ihren Flügeln war, nicht, Papa? ... Da hat sie sich bestimmt einfach hingesetzt und ihre Küken unter ihre Flügel gerufen. Und dann ist sie für sie gestorben. Das ist aber eine gute Mutter gewesen, Papa!«

Am Abend, als das kleine Mädchen ins Bett mußte, rannte es noch einmal ganz schnell zu der Kiste mit den Küken hinüber. Sie blickte zu den Tieren hinab und flüsterte: »Das Tor war

offen. Die Henne hätte sich selbst in Sicherheit bringen können. Aber dann hätte sie ihre Jungen zurücklassen müssen. Die wären in all dem Rauch verloren gewesen. Ihr kleinen Küken, ich bin so froh, daß ihr gekommen seid, als eure Mami euch gerufen hat. Sonst wärt ihr jetzt alle tot. Ihr kleinen Küken, ich will jetzt eure Mami sein.«

Jesus war ganz ohne Sünde. Er hätte in den Himmel zurückgehen können, ohne zu sterben. Aber er wäre allein gegangen. Wir wären wegen unserer Sünden von Gott getrennt geblieben, und von Gott getrennt zu sein, das bedeutet schließlich den ewigen Tod.
So ist Jesus freiwillig an unserer Stelle gestorben, und nun ruft er uns, daß wir zu ihm kommen und leben sollen.

Schlüsselverse
»Christus opferte sein Leben für uns; daran haben wir erkannt, was Liebe ist« (1. Johannes 3,16).
»Ich lebe im Vertrauen auf den Sohn Gottes, der mir seine Liebe erwiesen und sein Leben für mich gegeben hat« (Galater 2,20).

Gebet
Herr Jesus, du liebst mich so sehr, daß du für mich gestorben bist, damit ich das ewige Leben habe. Und du rufst mich, damit ich zu dir komme und mich bei dir in Sicherheit bringe.
Danke, daß du mich so liebst, daß du für mich gestorben bist.

Zum Nachdenken
Jesus ist für uns – für dich – gestorben. Kann man noch an seiner Liebe zweifeln?

Jesus – sein erlösendes Leiden
Bibeltext: Jesaja 53

10. Der verbotene Pfad

Helen lebte mit ihrer Familie mitten in der Riesenstadt London, und so wurde sie ganz aufgeregt, als ihre Mutter an einem Tag beim Frühstück verkündete: »Erinnerst du dich noch an meine alte Freundin, Frau Hansen? Sie ist doch vor einiger Zeit aufs Land gezogen. Nun hat sie uns beide für den Samstag zum Tee eingeladen. Sie hat einen wunderschönen Garten, den kannst du erkunden, während wir uns unterhalten.«

Am Samstag herrschte herrliches Sommerwetter, und Helen und ihre Mutter fuhren gleich nach dem Mittagessen mit dem Auto los. Bald hatten sie die Vororte der Großstadt hinter sich und sausten auf der Landstraße dahin.

Helen konnte sich nicht satt sehen an all den Schönheiten. »Oh, Mama«, seufzte sie, »wenn wir doch auch auf dem Land wohnten!«

»Ja, das fände ich auch toll. Wer weiß, vielleicht können wir uns ja auch einmal ein Haus hier draußen leisten, wenn Papa in seiner Firma befördert wird«, sagte ihre Mutter. »Da, sieh doch, da ist schon Frau Hansens Haus.«

Helen begrüßte ihre Gastgeberin höflich, hatte aber nur Augen für den herrlichen Garten. Überall grünte und blühte es, und in einiger Entfernung war im Schatten von Trauerweiden ein kleiner Teich zu sehen. Die Mutter lachte.

»Siehst du, Helen ist ganz hingerissen!« stieß sie Frau Hansen an. »Kein Wunder, so was Schönes gibt es bei uns in der Stadt gar nicht. Kann sie bis zum Tee auf Entdeckungsreise gehen?«

»Natürlich«, meinte Frau Hansen. »Geh nur, wohin du willst . . . Nur von dem Weg zwischen den Hecken da drüben, da bleib weg, denn . . . Ah, da kommt ja Trixie! Runter mit dir, Trixie! Hör auf, dich so anzustellen! Die Gute tut keinem was zuleide, aber sie springt alle Besucher an. Trixie begleitet dich gern auf deiner Entdeckungsreise, Helen. Ich habe eine große Glocke im Haus. Damit läute ich, wenn der Tee fertig ist. Das kannst du bis zum letzten Winkel des Gartens hören.«

Frau Hansen und Helens Mutter verschwanden im Haus, und Helen und Trixie machten sich auf den Weg zum Teich. Eine halbe Stunde spielten sie vergnügt unter den Weiden, dann wanderten sie zum Garten zurück. Helen starrte nachdenklich auf den Pfad, der zwischen den Hecken durchführte. Er schien in einem Obstgarten zu enden.

»Warum will Frau Hansen bloß nicht, daß ich da durchgehe?« fragte Helen sich. »Ob sie wohl meint, ich vergreife mich an ihren Äpfeln? Na, ist ja auch egal ... Aber seltsam finde ich das doch.« Sie schlug einen gepflasterten Weg ein, doch der führte nur wieder in einem Bogen zur gleichen Stelle zurück.

»Ich wüßte ja doch zu gern, was mit dem Weg los ist«, dachte Helen. »Vielleicht gibt es da irgendein Geheimnis oder irgendein besonderes Tier ... Ich gehe nur mal bis zu der Biegung. Vielleicht sehe ich von da etwas. Und bis dahin ist der Weg ja wirklich völlig harmlos!«

Auf Zehenspitzen schlich sie den schmalen Pfad entlang. Trixie knurrte. Helen blickte um die Biegung. Da war nichts Geheimnisvolles zu sehen. Der Weg zwischen den Hecken führte, wie sie es sich gedacht hatte, zu einem kleinen Obstgarten mit Apfelbäumen. Was konnte an einem Obstgarten schon Gefährliches oder Geheimnisvolles sein? Sie wollte wenigstens bis zu den ersten Bäumen weiterschleichen und von da aus zurückrennen.

Trixie knurrte wieder, aber Helen beachtete sie nicht.

»Hm, nichts, überhaupt nichts«, dachte Helen, als sie unter dem ersten Baum stand und um sich blickte. »Ganz nett hier. Aber was soll ... Oh! Hilfe!«

Sie hatte den Bienenschwarm im Apfelbaum nicht bemerkt. Doch sie berührte ihn fast mit ihren Locken, und nun erhob sich plötzlich mit wütendem Gesumme eine schwarze Wolke. Helen rannte schreiend los, die Bienen im Nacken, und glücklicherweise rettete Trixie die Situation. Der Collie rannte bellend hinter ihr her, und die Bienen zogen sich zurück. Nur eine einzige verfolgte Helen, während sie zwischen den Hecken herrannte und schließlich wieder auf der Rasenfläche anlangte.

Frau Hansen und die Mutter hörten sie schreien und rannten zum Fenster.

»Ach du liebe Zeit!« rief Frau Hansen. »Die Bienen! Ich hab' Helen doch extra gesagt...«

Die Mutter interessierte sich in diesem Augenblick gar nicht dafür, was Frau Hansen gesagt hatte. Sie rannte in den Garten zu ihrem schreienden Mädchen, dem eine dicke Biene um den Kopf schwirrte.

»Hinter meinen Rücken, Helen!« rief sie. »Schnell! Versteck dich!« Helen verschwand mit einem Satz hinter ihrer Mutter, und die Biene griff im Sturzflug Mutters ausgestreckten nackten Arm an und stach zu. Dann flog sie über ihre Schulter und summte wieder um Helens Kopf.

»Sie ist hinter mir her!« schrie Helen.

»Nein, jetzt nicht mehr«, sagte die Mutter. »Es ist vorbei. Du brauchst keine Angst mehr zu haben. Sieh dir meinen Arm an: Da ist der Stachel. Bienen können nur einmal stechen. Dir kann jetzt nichts mehr passieren.«

Helen starrte auf die große rote Schwellung, die sich auf dem Arm der Mutter zu bilden begann. Sie zitterte und konnte nur noch schluchzen.

»Ist ja gut, Helen«, tröstete ihre Mutter sie. »Jetzt ist alles vorbei. Aber das nächste Mal gehorche, wenn man dir etwas sagt.«

Etwas später zog Frau Hansen den Stachel heraus und rieb die Schwellung mit einer Flüssigkeit aus einem Medizinfläschchen ein. Während sie ihren Tee tranken, rückte Helen ganz nah an ihre Mutter heran. Immer wieder wanderten ihre Augen zu der Schwellung auf dem Arm hinüber, aber erst abends, als Helen im Bett war und ihre Mutter kam, um ihr gute Nacht zu sagen, sprach Helen noch einmal von dem Vorfall.

»Es tut mir leid, Mama«, flüsterte sie. »Ich will's auch nie mehr wieder tun. Eigentlich hätte ich ja den Stich verdient, oder?«

»Ja, eigentlich schon«, antwortete die Mutter. »Aber ich bin trotzdem froh, daß es *mich* erwischt hat.«

»Warum?« fragte Helen erstaunt.

»Weil ich dich liebhabe«, sagte die Mutter. »Und nun schlaf!«

Als Jesus am Kreuz hing und ausrief: »Es ist vollbracht«, da meinte er: »Jetzt ist alles vorbei. Ich habe für deine Sünde bezahlt, damit dir vergeben werden kann. Wenn du mir vertraust, mußt du keine Angst mehr vor dem Tod und vor der Strafe haben, denn Gott bestraft die Sünde nur einmal. Sieh dir die Wunden in meinen Händen an – sie zeigen dir, wie sehr ich dich liebe.«

Schlüsselvers
»Wegen unserer Schuld wurde er gequält und wegen unseres Ungehorsams geschlagen. Die Strafe für unsere Schuld traf ihn, und wir sind gerettet. Er wurde verwundet, und wir sind heil geworden« (Jesaja 53,5).

Gebet
Herr Jesus, laß mich verstehen, wie sehr du mich geliebt hast, wenn ich an all deine Leiden denke. Hilf mir, die Sünde zu hassen, unter der du so gelitten hast. Eigentlich hätte ich das ja alles ertragen müssen. Hilf mir, die Sünde zu überwinden und mich von ihr abzuwenden. Ich will dich lieben, weil du mich so sehr geliebt hast.

Zum Nachdenken
Du kannst zeigen, daß du Gott liebst, indem du andere Menschen liebst. Gibt es Dinge, die du heute anderen Menschen zulieb tun könntest?

Jesus – sein Tod. Seine Gerechtigkeit, die wir bekommen.
Bibeltext: 2. Korinther 5,14–21

11. Ein Leben für ein Leben

Luis und Sebastian waren Zwillinge. Sie wuchsen vor vielen, vielen Jahren in einem kleinen weißen Haus auf, das außerhalb der Mauern eines spanischen Bergstädtchens lag. Ihre Eltern waren gestorben, hatten ihnen aber ein bescheidenes Erbe hinterlassen. So konnten die Jungen weiter in ihrem alten Haus wohnen. Sie glichen sich so sehr, daß keiner sie auseinanderhalten konnte.

Im Laufe der Jahre entwickelten sich die beiden Jungen allerdings sehr unterschiedlich. Sebastian erlernte einen guten Beruf. Er war freundlich, zuverlässig und fleißig. Alle Leute hatten ihn gern. Luis dagegen war faul und hatte keine Lust zu arbeiten. Er wollte nur sein Vergnügen haben und verbrachte jeden Abend beim Spiel in der Schenke. Oft kam er erst am frühen Morgen zurück. Vergeblich bat Sebastian ihn, sich von seinen schlechten Gefährten zu trennen und ein neues Leben anzufangen. Luis lachte ihn nur aus.

Es war spät in einer Nacht. Der Vollmond beleuchtete die weißen Mauern der Stadt. Sebastian saß, von einer seltsamen Unruhe getrieben, am Fenster. Seine Augen wanderten immer wieder das helle Band der Straße entlang, das zum Stadttor führte. Luis war wie gewöhnlich noch nicht heimgekehrt.

Sebastian erblickte die rennende Gestalt, noch bevor er ihre Schritte hörte, und eilte zur Tür. Luis war allein und stürzte an ihm vorbei ins Haus. Im Licht der Lampe sah Sebastian sein schneeweißes Gesicht und seine zerrissenen und blutgetränkten Kleider. Luis zitterte so, daß er kaum sprechen konnte.

»Oh, Sebastian!« stieß er hervor. »Versteck mich! Sie sind hinter mir her, und dann ist es mit mir zu Ende.«

»Was soll das heißen?« fragte Sebastian und rannte zum Fenster. Tatsächlich, da kam eine Gruppe von Leuten aus dem Stadttor. Sie rannten ... kamen auf ihr Haus zu.

»Wir haben zuviel getrunken . . .«, jammerte Luis. »Es gab Streit . . . Ich wollte nicht . . . Er kippte nach hinten und war tot. Oh, Sebastian, versteck mich! Was soll ich denn bloß machen?«

Sebastian überlegte nicht lange. Schon riß er sich seine Kleidung vom Körper. Er hatte keinen Augenblick zu verlieren.

»Hier, zieh diese Sachen an und gib mir deine!« befahl er. »Mach schon! Hör auf zu jammern! Und jetzt hinaus mit dir – benutze die Hintertür und verschwinde im Bergland! Laß dich nicht so bald wieder hier sehen . . .! Nun lauf schon, Bruder, lauf!«

Es war höchste Zeit. Schon waren an der Haustür laute Rufe zu vernehmen. Einen Augenblick später stürzte der Nachtwächter der Stadt herein, gefolgt von einer aufgeregten Menschenschar. Vor Sebastian hielten sie an. Sebastian stand ganz still da. Er atmete schnell, sein Haar hatte er in Unordnung gebracht und sich Gesicht und Hände schmutzig gemacht. Er trug den blutbefleckten Mantel seines Bruders. Sie fesselten ihm die Hände, und er leistete ihnen keinen Widerstand. Schweigend ließ er sich zum Gefängnis in der Stadt führen. Ein paar Tage später gab es eine Gerichtsverhandlung, und er wurde wegen Mordes zum Tode verurteilt.

Fast alle Männer der Stadt drängten sich in den Gerichtssaal, um den gefangenen Mann zu sehen. Als die Verhandlung vorüber war und die Zuschauer in den Schenken saßen und den Fall diskutierten, da hieß es immer wieder: »Wie ruhig er dastand! Er sagte kein Wort zu seiner Verteidigung, bat nicht um Gnade, schien keine Angst zu haben. ›Ihr habt selbst das Blut auf meinem Mantel gesehen‹, sagte er. ›Ich habe nichts zu meiner Entschuldigung vorzubringen.‹«

»Aber wo war eigentlich Sebastian, sein Bruder?« fragten andere. »Warum war er nicht bei der Verhandlung? Seit jener Nacht ist er auch nicht mehr zur Arbeit erschienen. Schämt er sich seines Bruders, daß er ihn allein sterben läßt?«

Niemand wußte eine Antwort darauf, und wenige Tage später wurde Sebastian hingerichtet. Ein Leben für ein Leben.

Luis lebte viele Wochen lang zurückgezogen in einem kleinen Dorf hoch in den Bergen. Er tauschte seine Stadtkleider gegen ländliche Kleidung ein und arbeitete während der ganzen Erntezeit bei einem Bauern. Zuerst wagte er sich kaum aus seiner Unterkunft hinaus; Nacht für Nacht wachte er zitternd auf, weil er wieder von jener schrecklichen Mordnacht und von seinen Verfolgern geträumt hatte. Aber allmählich wurde er ruhiger. Er bereute bitter, daß er seinen Kameraden getötet hatte, und sehnte sich danach, seinen Bruder wiederzusehen. »Vielleicht haben sie inzwischen aufgehört, nach mir zu suchen«, dachte er. »Am nächsten Markttag will ich verkleidet in die Stadt hinuntergehen und versuchen, mit meinem Bruder zu sprechen.«

Er hatte sich einen Bart wachsen lassen und sich sein Gesicht dunkel gefärbt, so daß niemand ihn erkennen konnte. In seiner bäuerlichen Kleidung schloß er sich anderen an, die mit ihren Waren zum Markt zogen. Inmitten des Marktgetümmels versuchte er herauszufinden, was inzwischen in der Stadt geschehen war. Vorsichtig brachte er das Gespräch auch auf den Mordfall, der sich vor einiger Zeit ereignet hatte.

»Ich habe gehört, daß der Mörder, dieser elende Kerl, entkommen ist«, sagte er. »Sucht man immer noch nach ihm? Oder hat man es aufgegeben?«

»Aufgegeben?« fragte sein Gesprächspartner und blickte ihn überrascht an. »Unsere Polizei gibt nie auf! Sie haben ihn noch am selben Tag erwischt, ihm in derselben Woche den Prozeß gemacht, und zwei Tage später ist er hingerichtet worden. Die Gerechtigkeit hat gesiegt! Seltsam ist nur eines bei der ganzen Geschichte: Der Mörder hatte einen Bruder, und der ist am selben Tag verschwunden und seither nie wieder aufgetaucht. Manche sagen . . .«

Aber Luis hörte nicht mehr, was manche sagten. Er stieß einen verzweifelten Schrei aus und rannte vom Marktplatz weg. Halb blind von Tränen gelang es ihm irgendwie, das Gerichtsgebäude zu erreichen. Fast mit Gewalt verschaffte er sich Eintritt. Als der Richter erschien, um nachzusehen, was da für ein Lärm herrschte, fiel Luis ihm zu Füßen.

»Sie haben einen Unschuldigen hingerichtet!« rief er immer wieder. »Ich bin's gewesen, nicht mein Bruder. Lassen Sie mich jetzt auch hinrichten, denn wie könnte ich noch weiterleben?«

Der Richter zog sich zurück. Er führte einige lange Gespräche und kehrte dann zurück.

»Das Gesetz fordert ein Leben für ein Leben«, verkündete er. »Wenn dein Bruder unschuldig war, wie sollten wir das wissen? Sein Mantel war blutgetränkt, und er brachte nichts zu seiner Verteidigung vor. Der Fall ist abgeschlossen. Geh, halte deinen Mund und sieh zu, daß du nicht wieder das Gesetz übertrittst.«

Als sich Luis abwandte, hielt ihn der Richter noch einmal zurück. »Einen Augenblick noch!« sagte er plötzlich. »Bist du der einzige Bruder des Hingerichteten?«

»Ja, ja. Es gibt keinen anderen.«

»Dann habe ich einen Brief für dich. Der Gefangene hat ihn in großer Eile geschrieben und ihn mir anvertraut, bevor er gestorben ist. Ich hole ihn.«

Bald darauf saß Luis in dem alten Haus, in dem er und sein Bruder in der Kindheit und Jugend so viele schöne Stunden miteinander verlebt hatten. Er weinte und weinte. Die Sonne ging schon unter, als er endlich den Brief öffnete. Er war sehr kurz, und Luis las ihn wieder und wieder, bis es zu dunkel war, um noch etwas zu erkennen, und er ihn auswendig kannte.

»Mein lieber Bruder«, hieß es in dem Brief. »Heute morgen werde ich aus freiem Willen in Deinem blutbefleckten Mantel sterben. Nun beschwöre ich Dich, in meinem sauberen Mantel zu leben. Sei versichert, daß ich Dich liebe. Gott segne Dich. Sebastian.«

Und Luis begriff, was sein Bruder damit gemeint hatte. Der Taugenichts, der nur für sich selbst gelebt, ständig Streit gesucht und am Ende gar gemordet hatte, dieser Taugenichts sollte als tot gelten. Der Mann aber, der geliebt und gelitten und sich geopfert hatte, der sollte weiterleben. Ja, so sollte es sein. Luis saß da und dachte nach, bis die Morgendämmerung das Zimmer zu erhellen begann. Dann erhob er sich und warf seine schmutzige Verkleidung ab. Er wusch sich und legte saubere Kleider an, wie Sebastian es getan hatte, und ging in den neuen Tag hinein.

Wir haben erkannt, wie Christus am Kreuz den Platz aller Sünder eingenommen hat und, in unsere Sünden eingehüllt, am Kreuz gestorben ist.
Nun fordert er uns auf, die neuen »Kleider« seiner Liebe und Güte anzulegen. Gott wird nie mehr an unsere Sünden denken. Denn er sieht Jesus, der als Herr in uns lebt.

Alle, die auf diese Weise die Herrschaft Jesu anerkennen, bekommen von Gott die Tore des Himmels geöffnet.

Schlüsselverse
»Gott hat Christus, der ohne Sünde war, an unserer Stelle als Sünder verurteilt, damit wir um Christi willen freigesprochen werden« (2. Korinther 5,21).
»Wer zu Christus gehört, ist ein neuer Mensch geworden. Was er früher war, ist vorbei; etwas ganz Neues hat begonnen« (2. Korinther 5,17).

Gebet
Danke, Herr Jesus, daß du meine Sünde auf dich genommen hast, damit ich mich in deine Gerechtigkeit einhüllen kann. Hilf mir, daß ich Tag für Tag etwas von deiner Güte, Reinheit und Schönheit verbreiten kann.
Hilf mir, dich immer besser zu verstehen.
Hilf mir, dich immer mehr zu lieben.

Zum Nachdenken
Welche praktischen Möglichkeiten hast du, heute die Güte und Liebe Jesu anderen Menschen zu zeigen?

IV. Ich glaube an Jesus Christus . . . der den Tod besiegte, als er vom Tode auferstand

Christi Sieg über den Tod – Die Geschichte der Auferstehung
Bibeltexte: Matthäus 28,1–10; Johannes 20,1–23

12. Der Weg durch die Flut

Es regnete nun schon den dritten Tag in Strömen, und Margrit blickte sorgenvoll aus dem Fenster zum finsteren Himmel hinauf. Sie war mit dem Auto von ihrem Haus an der nordafrikanischen Küste in die Stadt Fez gekommen, um hier Freunde zu besuchen. Doch eben hatte sie einen Anruf bekommen und erfahren, daß ihre Mutter krank war. Sie mußte unbedingt am nächsten Tag versuchen, nach Hause zu fahren, aber wenn es so weiterregnete, würde die Hauptstraße überflutet sein. Bei Hochwasser war der Süden des Landes manchmal vom Norden abgeschnitten, und das oft für eine ganze Woche.

In dieser Nacht wachte Margrit mehrmals auf, und jedesmal hörte sie, wie der Regen auf das Dach prasselte. Am Morgen bestätigte das Radio ihre schlimmsten Befürchtungen. Alle Hauptstraßen vom Norden in den Süden waren überflutet. Weder Personenwagen noch Busse oder Züge konnten verkehren.

Margrit studierte die Landkarte. Es gab noch einen anderen Weg – eine wilde, einsame Straße, die sich in die Berge hinaufwand; sie führte allerdings auch in Täler hinab, die ebenfalls überflutet sein konnten. Margrits Freunde rieten ihr, besseres Wetter abzuwarten; aber sie winkte ab. Vielleicht verschlechterte sich das Wetter ja noch! Nein, sie mußte es wenigstens versuchen. Wenn sie nicht durchkam, konnte sie ja immer noch umkehren.

Sie war kaum vierzig Minuten lang durch das zerklüftete Bergland gefahren, da begann sie ihren Entschluß zu bereuen. Dichter Nebel kam auf, und sie sah nicht viel mehr als die Felsen rechts von der Straße. Sie fuhr ganz langsam. Plötzlich hörte sie eine Hupe und sah die Lichter eines Wagens, der ihr entgegenkam. Ganz langsam schoben sie sich auf der schmalen Straße aneinander vorbei. Als sie auf gleicher Höhe waren, hielten sie an und kurbelten ihre Fenster herunter.

»Wie ist die Straße da vorne?« fragte Margrit.

»Unmöglich«, sagte der Fahrer in Französisch. »Der Fluß reicht bis an den Fuß der Hügel heran. Ich kehre um.«

Zwei oder drei andere Autos folgten, aber Margrit konnte oben auf dem Hügel nicht wenden. Die Straße vor ihr verschwand im Nebel, und sie konnte nur eines tun: hinunterfahren bis zum Wasser, dort wenden und dann auch zurückkehren. Vorsichtig, immer wieder hupend, fuhr sie ins Tal hinab, und dann hörte sie lautes Rufen und helle Kinderstimmen und war froh, wieder in der Nähe von Menschen zu sein.

Ein ganzes Dorf schien auf den Beinen. Die Leute standen am Rand der Flut und genossen offensichtlich das Schauspiel, daß ein Auto nach dem andern umkehren mußte. Der Fluß hatte die Straße überschwemmt, und graue Wassermassen verschwanden im Nebel. Die Dorfbewohner empfingen Margrit mit Applaus und Gelächter, und drei wollten unbedingt mit nach Fez zurückfahren.

Aber Magrit wollte unbedingt heim. Sie stieg aus und trat an den Rand des Wassers. »Wie tief ist es?« fragte sie.

»Das weiß niemand«, riefen die Dorfbewohner, erfreut, daß sie ihre Sprache sprach. »Aber tief, sehr tief.«

»Und wie weit ist die Straße überschwemmt?« fragte Margrit wieder.

»Das weiß niemand; aber ohne Zweifel sehr, sehr weit. Es ist ein großer Fluß.«

»Hat es schon jemand ausprobiert und ist hinübergegangen?«

»Nein, nein, niemand. Wer würde so dumm sein? Wir wollen doch nicht ertrinken.«

»Nun, dann werde ich es eben versuchen«, sagte Margrit mutig. Trotz aller Warnungen der Dorfbewohner zog sie Schuhe und Strümpfe aus und verschloß ihren Wagen. Sie wagte ein paar vorsichtige Schritte ins Wasser, und es reichte ihr nur bis an die Knöchel. Sie zwang sich, nicht auf die ängstlichen Stimmen in ihrem Rücken zu hören und ging vorsichtig Schritt für Schritt weiter, während ihr das Herz bis in den Hals hinauf schlug. Immer weiter ging sie, bis die Dorfbewohner sie im Nebel verschwinden sahen und annahmen, nun sei sie ertrunken. Dabei reichte ihr das Wasser immer noch nur bis an die Knöchel. Der Weg war lang und kalt, und dann schien sich der Nebel vor ihr etwas zu lichten, und im nächsten Augenblick sah sie, wie die Straße aus dem Wasser wieder in die Höhe führte, aufs Trockene. Und immer noch reichte ihr das Hochwasser nur bis an die Knöchel. Wenige Augenblicke später stand sie wieder auf dem Trockenen.

Den Rückweg legte sie schneller zurück als den Hinweg, und noch bevor sie irgend etwas erkennen konnte, hörte sie die aufgeregten Stimmen der Dorfbewohner.

»Diese törichte Frau!« riefen sie. »Die Flut hat sie fortgeschwemmt. Haben wir es ihr nicht gesagt?«

Dann riefen plötzlich alle durcheinander, und das Kopfschütteln wich freudigem Staunen, als eine nasse, aber sehr lebendige Margrit aus dem Nebel auf sie zukam. Inzwischen waren ein Lastwagen und drei weitere Personenwagen eingetroffen, und die Fahrer warteten gespannt den Ausgang von Margrits Abenteuer ab. Auch sie begrüßten die junge Frau begeistert.

»Kommt man wirklich durch?« riefen sie.

»Ja, das ist ohne weiteres möglich«, versicherte Margrit. »Das Wasser reicht mir überall höchstens bis an die Knöchel. Auf der anderen Seite lichtet sich der Nebel, und die Straße führt wieder in die Höhe und bleibt auch oben, soweit ich das erkennen konnte.«

»Ja, ja!« rief der Lastwagenfahrer, der die Straßen gut kannte. »Wenn wir hier durchkommen, haben wir das Hochwasser hinter uns und erreichen die Hauptstraße. Kommen Sie, Mademoiselle, fahren wir gemeinsam hinüber!«

Unter den anfeuernden Rufen der Menge setzte sich die kleine Kolonne in Bewegung. Das Wasser umspülte die Räder, aber alle

2369-44

Wagen kamen wohlbehalten auf der anderen Seite an. Im nächsten Augenblick durchbrach die Sonne den Nebel. Oben auf dem Hügel angekommen, wandte sich Margrit um und stieß einen überraschten Ruf aus. Die graue Flut, vor der sie solche Angst gehabt hatte, glänzte wie ein silbernes Band in der Sonne, und über die sauber gewaschenen Berge spannte sich ein Regenbogen.

Ein bekannter englischer Dichter hat einmal gesagt: »Die Menschen fürchten den Tod, wie sich Kinder vor der Finsternis fürchten.«
Kein Mensch hat je den Tod durchschritten und ist zurückgekommen, um anderen zu erzählen, was dann geschieht – außer einem. Jesus starb, ging in den Tod hinein, und seine Jünger weinten, weil sie dachten, sie würden ihn nie wiedersehen. Aber sie irrten sich. Drei Tage später war er wieder bei ihnen, auferstanden und lebendig, und er zeigte sich vielen seiner Nachfolger. Er ist der einzige, der den Tod ganz hinter sich gebracht hat und dann zurückgekommen ist, um uns zu sagen, daß diejenigen, die ihn lieben und ihm nachfolgen, keine Angst mehr vor dem Tod haben müssen. Durch Jesus führt der Tod in das ewige Leben bei Gott.

Schlüsselverse
»Jesus sagte zu ihr: ›Ich bin die Auferstehung und das Leben. Wer mich annimmt, wird leben, auch wenn er stirbt, und wer lebt und sich auf mich verläßt, wird niemals sterben. Glaubst du das?« (Johannes 11,25.26).
»Ich bin der Lebendige! Ich war tot, doch nun lebe ich in alle Ewigkeit. Ich habe Macht über den Tod und die Totenwelt« (Offenbarung 1,18).

Gebet
Herr Jesus Christus, ich bin so dankbar, daß du durch den Tod gegangen und zurückgekehrt bist, um uns zu sagen, daß wir keine Angst haben müssen. Ich bin so froh, daß für die, die dich lieben und dir vertrauen, der Tod nur die letzte Station auf dem Heimweg ist. Danke für die Freude derer, die uns schon vorausgegangen sind. Danke, daß wir sie wiedersehen werden.

Zum Nachdenken
Bist du überzeugt, daß die Auferstehung Jesu *wirklich* geschehen ist? Wenn du daran glaubst, wie beeinflußt das dein Leben? Frage dich vor allem:
Was bedeutet der Tod für *mich*?
Was bedeutet mir Jesus, wenn ich über den Tod nachdenke?

Jesus – seine Auferstehung und erste Erscheinung
Bibeltext: Johannes 20,19–23

13. Die Stimme in der Dunkelheit

»Macht es dir ganz bestimmt nichts aus, allein nach Hause zu kommen, Rahel?« fragte die Mutter. »Sonst sage ich Bill, er soll dich abholen. Du mußt es nur sagen.«

Rahel schüttelte den Kopf. Normalerweise nahm der Vater sie auf dem Heimweg von der Arbeit mit, aber an diesem Nachmittag waren er und ihre Mutter geschäftlich unterwegs. Schon seit Tagen fürchtete sich Rahel vor diesem Augenblick, denn es würde fast dunkel sein, wenn sie aus der Schule kam, und sie durfte gar nicht an den Feldweg denken, der von der Landstraße zu ihrem Haus führte. Rechts und links standen Bäume, die unheimliche Schatten warfen und beim leisesten Windstoß seltsame Gräusche von sich gaben. Wenn sie nicht pünktlich von der Schule wegkäme, würde es schon dunkel sein.

Aber etwas war noch schlimmer, als allein diesen Weg entlangrennen zu müssen: sich von Bill, ihrem jüngeren Bruder, abholen zu lassen. Bill war außergewöhnlich stark und fürchtete sich vor nichts, und er neckte Rahel ständig, weil sie Angst vor Spinnen und Kühen und andern Dingen hatte. Wenn Bill herausfand, daß sie sich auch vor dem Feldweg fürchtete, würde er sie ständig damit aufziehen.

Den ganzen Tag über konnte Rahel an nichts anderes denken als an den finsteren Feldweg, so daß sie vom Unterricht wenig mitbekam. Besonders schlimm war, daß am Nachmittag dicke Wolken aufzogen und der Wind stärker wurde. Um halb vier mußten sie das Licht im Klassenzimmer anzünden, und in der Ferne war Donnergrollen zu hören.

»Diejenigen, die sich für die Musikprüfung angemeldet haben, sollen bitte nach der letzten Stunde noch einen Augenblick zurückbleiben!« Rahel stöhnte innerlich auf, als sie diese Ankündigung der Lehrerin hörte. Ihr Name erschien erst ziemlich am

Ende der Liste, da würde es also noch viel später werden. Dabei war es jetzt schon fast dunkel. Die andern Kinder beeilten sich, um noch vor dem Gewitter nach Hause zu kommen.

Es war stockfinster, und es regnete, als Rahel endlich aus der Schule kam. Hier in der Stadt waren noch viele Leute unterwegs, hier brauchte sie sich nicht zu fürchten. Nur der Wind fegte um die Häuserecken und peitschte ihr die Regentropfen ins Gesicht. Rahel fragte sich, wie dieser Sturm sich wohl in den Bäumen neben ihrem Feldweg anhören mochte ...

Nun hatte sie die Stelle erreicht, wo sie von der Landstraße in den Feldweg abbiegen mußte. Ausgerechnet in diesem Augenblick krachte ein Donner. Panik überwältigte Rahel. Selbst Bills spöttische Bemerkungen wären ihr in diesem Augenblick hoch willkommen gewesen. Und da, in den Schatten der Bäume, lauerten da nicht finstere Gestalten, die sie im nächsten Augenblick anspringen würden? Rahel versuchte, die Angst in sich niederzukämpfen und loszurennen. Es war schließlich nicht weit bis zu ihrem Haus ...

Da hörte sie über dem Heulen des Windes und dem Klatschen des Regens eine Stimme, die ihren Namen rief: »Bist du das, Rahel?« Sie kannte diese Stimme. Mit einem Seufzer der Erleichterung rannte sie vorwärts und warf sich in die Arme ihres Vaters. »Langsam, Mädchen!« lachte der Vater ganz überrascht. »Was ist denn los?«

»Nichts«, flüsterte Rahel, die immer noch zitterte. »Ich dachte bloß ... Na, ich dachte einfach, du wärst nicht da!«

»Ja, ich war auch fort«, sagte der Vater. »Aber wir sind etwas früher nach Hause gekommen. Da habe ich gemerkt, daß du noch nicht zu Hause warst. Ich fand es nicht gut, dich in diesem Sturm allein hier draußen herumlaufen zu lassen. Da bin ich gekommen. Komm jetzt, wir gehen schnell nach Hause!«

So eilten sie miteinander den Weg entlang, und Rahel bemerkte kaum das Heulen des Windes, weil sie ihrem Vater unbedingt erzählen mußte, daß sie beim Handballspielen ein Tor geschossen hatte. Und sie vergaß völlig die wilden Tiere, die sich da im Schatten hinter den Bäumen verbargen und sie anspringen wollten, denn sie hielt ihren Vater fest bei der Hand.

Die drei Tage nach Jesu Tod müssen für die Jünger schrecklich gewesen sein. Mehr als drei Jahre hatten sie mit ihm verbracht, und nun waren sie plötzlich allein und möglicherweise selbst in Todesgefahr. Jedenfalls mußten sie, ob im Leben oder im Tod, ohne ihren Meister auskommen, davon waren sie überzeugt. Denn dieser Jesus, dem sie so vertraut hatten, war kläglich gescheitert und elend umgekommen.
Diesen völlig verängstigten Männern erschien Jesus plötzlich am Abend des dritten Tages. Er stand ganz lebendig mitten unter ihnen, streckte ihnen seine Arme entgegen und sagte: »Ich gebe euch meinen Frieden. Seht euch meine Hände und meine Füße an, und überzeugt euch, daß ich es bin.«
Als die Jünger die durchbohrten Hände Jesu erblickten, begannen sie zu erkennen, daß seine Macht größer war als selbst die Macht des Todes.

Schlüsselvers
»Die Jünger freuten sich sehr, als sie den Herrn sahen« (Johannes 20,20).

Gebet
Herr Jesus, ich bin so froh, daß du von den Toten auferstanden bist und auch heute noch lebst.
Wenn du bei mir bist, dann brauche ich mich nie einsam zu fühlen, und ich muß auch keine Angst haben, denn nichts kann mir wirklich schaden, wenn ich mit dir durchs Leben gehe. Halte mich mein ganzes Leben lang nah bei dir, bis ich bei dir zu Hause bin.

Zum Nachdenken
Hast du manchmal Angst? Sprich mit jemand über das, wovor du Angst hast, und dann mach dir klar, daß der Herr Jesus dabei ist, dir seine Hand entgegenstreckt und sagt: »Friede . . . Ich bin's.«

Buße – meine Sünde sehen
Bibeltext: Jesaja 6 und Hiob 42,1–6

14. Weißer als Schnee

Frau Aischa lebte in einem nordafrikanischen Dorf. Ihr Mann hatte viele Ziegen und einige Kühe, und so ging es ihnen besser als den meisten ihrer Nachbarn. Sie lebten in strohgedeckten Hütten, holten ihr Wasser aus dem Dorfbrunnen und wuschen ihre Kleider am Fluß unten im Tal. Aischas Haus dagegen hatte ein Flachdach. Sie kochte auf einem Propangasherd, wusch die Wäsche unter ihrem eigenen Feigenbaum und hängte sie zum Trocknen oben auf dem Dach auf. Aischa war eine stolze und glückliche Frau, denn fast alles, was sie besaß, war ein wenig besser als das, was die anderen hatten. Die anderen Leute ritten auf ihren Maultieren zum Markt oder liefen vier bis fünf Kilometer zu Fuß und fuhren dann mit dem Bus weiter. Aischas Mann dagegen besaß ein altes Auto, und so konnte sie vornehm in die Stadt fahren.

An einem kalten, trüben Dezembertag kam sie wieder einmal vom Markt zurück. Auf dem letzten Kilometer war die Straße nicht mehr als ein Feldweg, aber Aischa bemerkte kaum, wie sie durchgeschüttelt wurde, denn sie betrachtete stolz, was sie eingekauft hatte. Die meisten Frauen des Dorfes wuschen ihre Wäsche mit großen gelben Seifenstücken. Aischa aber hatte eine Werbung für ein Seifenpulver gesehen, das angeblich »weißer wusch«. Der Gedanke, daß ihre Kinder sauberer aussehen würden als die der anderen Leute, gefiel ihr; und sie wollte ohnehin gerade große Wäsche machen. Sie hoffte, daß das Wetter einigermaßen mitspielen würde, denn schon pfiff ein bitterkalter Nordwind durch die Schluchten hinter dem Dorf. Sie freute sich darauf, das neue Wundermittel auszuprobieren und den staunenden Nachbarn vorzuführen.

Am nächsten Morgen wachte sie früh auf und setzte das Wasser zum Kochen auf. Sie arbeitete schwer, und bald schon hing ihre ganze Wäsche oben auf dem flachen Dach, so daß das ganze Dorf sie sehen konnte. Aischa blickte sich zufrieden um. Auf der anderen Seite des Weges hatte ihre Nachbarin ein paar Kleidungsstücke zum Trocknen auf der Dornstrauchhecke ausgebreitet. Wie ärmlich und schmutzig sahen sie doch aus, verglichen mit ihrer eigenen Wäsche! Ja, ihr neues Pulver wusch tatsächlich weißer!

Es wurde kälter und kälter; der Himmel über den Bergen färbte sich grau, und die Gipfel wirkten ganz nah und bedrohlich. Die Wäsche war abends noch nicht trocken, die Menschen saßen möglichst nah um ihre Feuerstellen herum und gingen früh zu Bett.

Am nächsten Morgen schien die Sonne, Aischa bereitete ihren Kindern das Frühstück zu, und sie machten sich auf den Schulweg. Aischa selbst stieg die Außentreppe zum Dach hinauf, um sich ihre Wäsche anzusehen. Die würde in der Sonne bestimmt blendend weiß aussehen – so weiß, daß sich das ganze Dorf umdrehen und fragen würde, wie sie es wohl geschafft haben mochte, sie so sauber zu bekommen. Im nächsten Augenblick war sie auf dem Dach angelangt – und blieb wie angewurzelt stehen.

»Wer hat meine Wäsche wieder schmutzig gemacht?« rief sie zornig und machte einen Schritt nach vorn. Dann hielt sie inne, denn plötzlich ging ihr ein Licht auf. Niemand hatte ihre Wäsche schmutzig gemacht. Aber in der Nacht war Schnee gefallen, und die Berge in der Ferne leuchteten weiß, so weiß, daß man zuerst gar nicht hinsehen konnte. Gegen diese strahlende Reinheit sah ihre Wäsche grau aus. »Ja, verglichen mit Gottes Weiß ist das alles nichts«, murmelte sie, während sie eilig die Wäsche von der Leine nahm. Aber als sie dann jenen glänzenden Gipfeln den Rücken kehrte, erblickte sie die ärmlichen Kleidungsstücke auf der Dornenhecke gegenüber – und da war sie schon wieder getröstet.

Wenn du dich umblickst und dich mit andern Leuten vergleichst, wirst du leicht jemanden finden, der weniger glücklich ist und sich schlechter benimmt als du – und das gibt dir ein gutes Gefühl.

Aber wenn wir uns das glänzende, reine aufopfernde Leben des Herrn Jesus ansehen, fühlen wir uns auf einmal gar nicht mehr so großartig. Dann merken wir auf einmal, wie wenig wir seinen Maßstäben gerecht werden. Wenn ich wirklich den Herrn Jesus anschaue und über seine Liebe nachdenke, wird mir deutlich, daß ich ein Sünder bin.

Schlüsselvers
»Die Menschen sind so unverständig, daß sie ihre eigenen Maßstäbe aufrichten und sich an sich selbst messen« (2. Korinther 10,12).

Gebet
Herr Jesus, wenn ich die Evangelien lese und deine Liebe, Wahrhaftigkeit und Güte sehe, dann merke ich, daß ich ganz anders bin, als Gott mich eigentlich gemeint hat. Ich will mich nicht mehr mit andern Menschen vergleichen, sondern mit dir. Danke, daß du mich annimmst, wie ich bin. Danke, daß du mir vergibst, wenn ich dich um Verzeihung bitte. Hilf mir, dir ähnlicher zu werden.

Zum Nachdenken
Wenn ich in der Bibel das vollkommene Leben Jesu betrachte, was lerne ich dann über mich selbst?

Buße – meine Sünde bekennen
Bibeltext: 1. Johannes 1

15. Das Hindernis

Zohra lebte in einer ärmlichen Hütte an der Atlantikküste von Nordafrika. Ihr Mann war schwer krank, und sie hatte keine Kinder. Aber sie fand zwischendurch immer wieder einmal Arbeit, bettelte ein wenig, sammelte Treibholz am Strand und konnte so für ihren Lebensunterhalt sorgen.

Eines Tages ereignete sich etwas Ungewöhnliches in der kleinen Küstenstadt. In dem weißen Haus bei den Sanddünen eröffnete ein europäischer Arzt eine Praxis mit einer kleinen Apotheke, und viele Leute gingen hin, um sich behandeln zu lassen. Auch Zohra beschloß, zu dem fremden Doktor zu gehen und ihn um eine Flasche Medizin für ihren Mann zu bitten, da er viel zu schwach war, um selbst zu gehen.

Es war wunderbar in dieser neuen Arztpraxis – so sauber und still. Die Leute saßen auf Bänken und warteten geduldig. Niemand stieß die Armen zur Seite, niemand schimpfte, und niemand hielt die Hand auf, um sich bestechen zu lassen. Zohra saß geduldig am offenen Fenster und blickte in einen umzäunten Garten hinaus, in dem Geranien und viele andere Blumen blühten. In diesem Augenblick stolperte ein kleines blondes Mädchen in den Garten und begann unter dem Feigenbaum zu spielen. Gleich darauf folgte ihr eine ältere Schwester.

Während Zohra die beiden kleinen Mädchen beobachtete, kam ihr plötzlich eine Idee. Die Mädchen spielten im Sand; sie würden ihre Kleider schmutzig machen, und ihr Vater trug einen weißen Mantel. Die Familie brauchte doch sicher eine Waschfrau; und die Praxis mußte bestimmt jeden Tag geputzt werden! Sie vergaß ganz, daß sie ja wegen einer Flasche Medizin gekommen war, eilte hinaus an die Haustür und klopfte. Eine blonde junge Frau kam zur Tür und fragte sie in stockendem Arabisch, was sie wolle.

»Ich bin gekommen, um Ihre Waschfrau zu sein«, sagte Zohra. »Ich werde Ihre Kleider so weiß wie Milch waschen; ich werde putzen und kochen. Ich werde jeden Tag kommen.«

Die junge Frau lachte. »Ja, tatsächlich, ich brauche eine Waschfrau. Aber kommen Sie doch morgen wieder, ich muß zuerst einmal mit meinem Mann sprechen.«

Wie auf Wolken wanderte Zohra nach Hause. Sie war sicher, daß sie diese Stelle bekommen würde. Irgendwie hatte sie sich mit der jungen Frau gut verstanden, und die lustigen kleinen Mädchen, deren Haar sie an gelbe Küken erinnerte, hatten sie ebenfalls angelacht.

Als Zohra in die Nähe ihres Hauses kam, erblickte sie etwas, was noch besser war als die Aussicht auf eine Arbeitsstelle. Jemand hatte das Gartentor aufgelassen, das zu dem großen Haus neben ihrer kleinen Hütte führte; und nun war eine fette Henne auf die Straße stolziert und scharrte faul im Staub herum.

War das ein Glückstag! Zohra blickte sich nach allen Seiten um, ob jemand zu sehen war. Die Henne war zahm und zutraulich und scharrte ungerührt vor Zohras Füßen herum. Zohra schnappte sie, verbarg sie unter ihrem weiten weißen Gewand und eilte in ihre Hütte. Dort zeigte sie den Schatz ihrem Mann, der hoch erfreut war.

Es war lange her, seit er eine gute Mahlzeit genossen hatte, und er humpelte auf den kleinen Hof hinter der Hütte und schlachtete das Huhn. Zohra rupfte es eilig und vergrub die Federn im Sand. Dann entfachte sie das Holzkohlefeuer, und bald schwamm das Huhn mit vielen Gewürzen im Topf. Ah, es war ein wunderbarer Tag gewesen!

Die junge englische Frau zog ein paar Erkundigungen ein, dann stellte sie Zohra als Haushaltshilfe an. Zohra war so glücklich wie noch nie. Jeden Morgen gab es zur Begrüßung süßen Milchkaffee, und sie liebte die beiden kleinen Mädchen mit dem Haar wie Kükenflaum. Eines aber verstand sie nicht. Wenn sie ihren Kaffee ausgetrunken hatte, setzte sich die englische Frau jeden Morgen neben sie und las ihr aus ihrem heiligen Buch etwas über Jesus Christus vor.

»Meint sie eigentlich, in meinem Alter könnte ich so etwas noch lesen oder verstehen?« dachte Zohra. »Kann eine alte

Katze noch das Tanzen lernen?« Zuerst hörte sie gar nicht zu und merkte sich auch nichts. Sie schaltete einfach ab.

Aber das Wort Gottes ist lebendig und kräftig und kann auch die größte Gleichgültigkeit überwinden.

Nach ein paar Wochen merkte Zohra, daß sie sich an Dinge erinnerte, die sie gar nicht bewußt gehört hatte. Da war zum Beispiel die Geschichte von den 5000 Menschen, die alle von fünf Broten und zwei Fischen satt geworden waren. Das war eine wunderbare Geschichte, und sie erzählte sie ihrem Mann. Und dann war da noch die Geschichte von dem Schaf, das sich verirrt hatte... Ganz allmählich merkte Zohra, daß sie sich auf diese Geschichten freute und ganz enttäuscht war, wenn sie einmal an einem Tag nichts hörte. Ohne daß es ihr bewußt wurde, begann sie den zu lieben, der die Blinden geheilt und die Toten auferweckt hatte. Und es dauerte noch länger, bis ihr aufging, daß dieser Jesus immer noch lebte und unsichtbar bei ihnen war, wenn sie in der Bibel von ihm lasen. Daß er in dem Haus war, wo man ihn liebte und willkommen hieß, und daß seinetwegen Frieden und Freundlichkeit und Lachen in dem Haus herrschten. Zohra war gern da und wäre am liebsten immer dageblieben.

Sie wollte auch diesen Jesus, und ihre Arbeitgeberin wurde nicht müde, ihr zu versichern, daß auch er sie wollte. Sie konnte es kaum fassen. Aber an einem Sommerabend, als ihr Mann sich mühsam zum Straßencafé geschleppt hatte, saß sie auf den Stufen vor ihrer Haustür und schaute auf das stille Merr. Jesus schien ihr so nah zu sein. Sie wußte inzwischen, was sie zu tun hatte: ihn in ihr Leben hereinlassen, und ihn ganz über ihr Leben herrschen lassen. Ob sie das nicht tun sollte, jetzt, in diesem Augenblick? Doch während sie sich das überlegte, sah sie im Geist eine weiße Henne vor ihren Füßen im Staub scharren, und im nächsten Augenblick roch sie Hühnersuppe.

»Wenn wir unsere Schuld eingestehen, dürfen wir uns darauf verlassen, daß Gott Wort hält: Er wird uns dann unsere Verfehlungen vergeben und alle Schuld von uns nehmen, die wir auf uns geladen haben.« Diesen Bibelvers hatte ihr ihre Arbeitgeberin beigebracht. Zohras Freude schwand, denn irgendwie wußte sie, daß jene kleine weiße Henne ein Hindernis zwischen ihr und Gott bildete, das sie nicht einfach beiseite schieben konnte. Alles war verdorben. Sie ging in ihre Hütte hinein, stritt sich mit ihrem Mann herum, als der aus seinem Café heimkam, und konnte in dieser Nacht nicht schlafen.

Doch dann stieg auf einmal ein überraschender Gedanke in ihr auf: Es war doch möglich, das Hindernis wegzuräumen. Sie hatte zwar noch nie gehört, daß jemand so etwas getan hätte, aber es mußte möglich sein. Am Freitag würde sie den Lohn von ihrer Arbeitgeberin bekommen, und an diesem Tag würde sie die quälende kleine weiße Henne aus dem Weg räumen.

Am Freitag kam sie früh heim, zog ihre besten Kleider an und ging zur Geflügelfarm nebenan. Die Nachbarin war nicht wenig erstaunt über den Besuch. Und dann saß Zohra neben ihr auf dem niedrigen Sitzkissen, die Hände ineinander verschränkt, Tränen in den Augen, und erzählte ihr die ganze Geschichte.

»Oh, meine Schwester, vergib mir!« bat sie. »Ich werde dir einen Truthahn oder eine Ente kaufen oder was immer du willst... nur vergib mir!«

Die Nachbarin starrte sie ungläubig an. Was da geschah, war so unfaßbar, daß sie darüber die Henne und sogar das Geld einen Augenblick lang vergaß. »Aber ich hätte das doch nie gemerkt!« schüttelte sie den Kopf. »Warum, warum bloß bist du gekommen und hast mir das gesagt?«

»Irgendwann einmal«, flüsterte die zitternde Frau, »irgendwann einmal werde ich dir's erzählen. Jetzt noch nicht.«

Sie drückte ihrer Nachbarin das Geld für die neue Henne in die Hand und eilte nach Hause. Sie hatte noch eine Verabredung, und jetzt gab es kein Hindernis mehr.

Schlüsselvers

»Wenn wir unsere Schuld eingestehen, dürfen wir uns darauf verlassen, daß Gott Wort hält. Er wird uns dann unsere Verfehlungen vergeben und alle Schuld von uns nehmen, die wir auf uns geladen haben« (1. Johannes 1,9).

Gebet

Herr, ich weiß, du kannst mir nicht das abnehmen, was ich vor dir verberge. Und deshalb will ich dir all das Unrecht aus meinem Leben sagen, an das ich mich erinnere. Danke, daß du versprochen hast, das zu vergeben, was ich dir bekenne. Danke, daß du mir auch die Sünden vergibst, die ich vergessen habe. Wenn ich einem anderen Menschen Unrecht getan habe, hilf mir, das nicht nur mit dir in Ordnung zu bringen, sondern auch mit diesem Menschen.

Wenn ich mir etwas genommen habe, das nicht mir gehört, hilf mir, es zurückzugeben.
Wenn ich gelogen habe, hilf mir zuzugeben, daß es nicht wahr war.
Wenn ich mit jemandem gestritten habe oder jemanden verletzt habe, hilf mir, mich zu entschuldigen.

Zum Nachdenken
Vergiß nicht, das auch wirklich zu tun, was du gerade im Gebet gesagt hast. Vertraue Gott, daß er dir den Mut dazu gibt. Kennst du den Unterschied zwischen Reue und Buße?

Buße – Abkehr von der Sünde, Hinkehr zu Jesus
Bibeltext: Lukas 15

16. Das Fünf-Finger-Gebet

Andrew war schon seit Stunden durch die Wälder von Nordkanada gefahren, und er war todmüde, als er das kleine, ganz aus Holz erbaute Hotel erreichte, wo Fallensteller und Firmenreisende gern Rast machten. Er fand es herrlich, Kilometer um Kilometer durch die Wildnis zu fahren. Sein Ziel war eine Siedlung weiter im Norden, wo er predigen sollte, und nun freute er sich auf einen ruhigen Abend.

Aber es sollte anders kommen. Kaum war er am Empfangsschalter angekommen, da eilte auch schon der Hotelbesitzer mit ausgestreckten Armen auf ihn zu. »Pastor Jackson!« strahlte er. »In der Siedlung habe ich erfahren, daß Sie heute hier durchkommen würden. Ich freue mich, daß Sie da sind. Kommen Sie, Sie müssen unbedingt einen Kaffee mit uns trinken!«

Eine so herzliche Einladung konnte Andrew Jackson nicht ausschlagen. Und als er etwas später neben dem Hotelbesitzer saß, hörte er dessen Geschichte. Er und seine Frau waren Christen, die zu sehr abseits wohnten, um regelmäßig zum Gottesdienst zu gehen. Nun freuten sie sich riesig, daß ein Pastor zu ihnen gekommen war. Sie baten ihn, zum Abendessen bei ihnen zu bleiben. Während der Mahlzeit erwähnte Andrew, daß er am nächsten Morgen nicht allzu früh weiterfahren müsse. Daraufhin schlug der Hotelbesitzer vor, der Pastor solle doch nach dem Frühstück eine Andacht halten, zu dem auch die wenigen Gäste eingeladen werden könnten.

»Das kann ich gern machen«, sagt Andrew, »aber ich würde mich freuen, wenn auch die Hotelangestellten kommen könnten. Als ich eben mein Gepäck auf mein Zimmer brachte, bin ich an einer Frau vorbeigekommen, die die Fenster putzte und schrecklich traurig aussah. Als ich sie grüßte, wandte sie ihr Gesicht ab, aber ich kann die Trauer in ihren Augen nicht vergessen.«

»Ach die!« sagte der Hotelbesitzer nachdenklich. »Sie ist eine gebürtige Indianerin und hat viel Schreckliches in ihrem Leben erlebt. Ich habe ihr aus Mitleid noch nicht gekündigt, denn sie hat allen Arbeitswillen verloren. Ich glaube nicht, daß ich meinen Gästen zumuten kann, sie bei der Andacht dabeizuhaben. Sie vernachlässigt völlig ihr Äußeres...«

»Kann sie nicht wenigstens an der Tür sitzen, wenn sie will?« bat Andrew. »Ich hätte sie so gerne dabei!«

Am nächsten Morgen waren die Gäste sehr überrascht, als eine kurze Andacht nach dem Frühstück angekündigt wurde. Die meisten ließen sich das nicht entgehen, kamen sie doch auf ihren einsamen Reisen selten in die Nähe einer Kirche. Höflich hörten sie zu, und einige dankten dem Pastor herzlich. Nur eine Person blieb noch da, um Andrew einige Fragen zu stellen, und das war die Frau mit dem traurigen Gesicht, die unbeachtet hinten an der Tür gesessen hatte. Als die anderen Gäste das Speisezimmer verlassen hatten, folgte sie dem Pastor auf den Flur. »Herr Pfarrer«, flüsterte sie, »so habe ich das noch nie gehört. Könnten Sie mich wohl ein kurzes Gebet lehren? Wissen Sie, ich bin nicht sehr gescheit; aber ich möchte gern beten.«

»Aber natürlich«, antwortete Andrew freundlich. »Ich will Sie ein Gebet lehren. Sie müssen es jeden Tag sagen, bis ich in einer Woche wiederkomme. Dann möchte ich mich wieder mit Ihnen unterhalten.«

»Ein ganz kurzes Gebet, Herr Pfarrer. Ich bin nicht so klug und kann nicht viel behalten. Es muß sehr kurz sein.«

»Es ist sehr kurz – nur fünf Wörter, ein Wort für jeden Finger Ihrer Hand, so daß Sie es nicht vergessen können. Sprechen Sie mir nach... Ein Wort für jeden Finger...: ›Zeig mir, wie ich bin.‹«

Bald darauf setzte der Pastor seine Reise fort, doch eine Woche später kehrte er zurück. Nachdem er seinen Gastgeber begrüßt hatte, erkundigte er sich nach der Putzfrau.

Der Wirt seufzte. »Offenbar geht's ihr viel schlechter als je zuvor. Sooft ich sie sehe, ist sie am Weinen. Wenn sie so weitermacht, muß ich sie wirklich entlassen. Die anderen können wegen ihr gar nicht mehr richtig arbeiten.«

Der Pastor hielt nach ihr Ausschau und fand sie bei der Arbeit.

»So«, sagte er, »da bin ich wieder. Haben Sie an das Gebet gedacht? Und haben Sie es jeden Tag gebetet?«

Sofort stiegen der Frau Tränen in die Augen, und sie rang die Hände.

»Jeden Tag habe ich es gesagt«, flüsterte sie, »und jeden Tag wird es schlimmer. Jeden Tag fällt mir mehr Unrecht ein, das ich getan habe, und jeden Tag wird mir das Herz schwerer. Was soll ich bloß machen?«

»Das kann ich Ihnen sagen. Hören Sie für die nächste Zeit mit diesem Gebet auf. Ich werde Sie ein anderes lehren.«

»Aber nur ein kurzes, Herr Pastor. Vergessen Sie nicht, daß ich eine einfache Frau bin. Ich habe kein gutes Gedächtnis.«

»Ein ganz kurzes. Wieder nur fünf Wörter wie das letzte. Ein Wort für jeden Finger Ihrer Hand . . . Sprechen Sie mir nach . . .: ›Zeig mir, wie du bist!‹«

»Und wie lange soll ich dieses Gebet beten, Herr Pastor?«

»Das können Sie für den Rest Ihres Lebens jeden Tag beten.«

Einige Jahre später besuchte Andrew Jackson wieder diesen Bezirk. Er sollte in einer neuen Kirche predigen, die dort erbaut worden war. Die Bewohner der ganzen Gegend erschienen zum Gottesdienst, und Andrew war besonders beeindruckt von den leuchtenden Gesichtern der jungen Leute und ihrem freudigen Gesang. Als er dies dem Pastor der Kirche sagte, erzählte der ihm: »Ja, ich bin sehr dankbar für unsere jungen Leute. Und sie sind fast ohne mein Zutun zu unserer Gemeinde gestoßen. Die meisten von ihnen sind von einem Ehepaar eingeladen und mitgebracht worden, das hier in der Nähe lebt. Die beiden haben vor nicht langer Zeit geheiratet und tun eine wunderbare Arbeit unter den Kindern und Jugendlichen. Die Frau ist für sie alle so etwas wie eine zweite Mutter. Es ist eine seltsame Geschichte. Sie hat indianische Vorfahren und ist eine ganz schlichte, ungebildete Frau . . .«

»Ich würde mich gerne einmal mit ihr unterhalten«, fiel Andrew dem Pastor ins Wort. Eine dunkelhaarige, hübsche und gut angezogene Frau wurde zu ihm geführt. Sie strahlte ihn an und ergriff seine Hand. »Erinnern Sie sich noch an mich, Herr Pastor?« fragte sie. Dann, als sie den Zweifel in seinem Gesicht bemerkte, lachte sie. »Ich habe mir doch fast gedacht, daß Sie mich nicht wiedererkennen würden«, meinte sie. »Aber sicher erinnern Sie sich noch an das Gebet, ein Wort für jeden Finger.«

Jetzt waren Andrews Zweifel verflogen, aber die Frau sprach schon weiter: »Seit Sie damals gegangen sind, habe ich dieses Gebet jeden Tag gebetet ... Jesus hat mir gezeigt, wer und wie er ist. Ich lerne ihn von Tag zu Tag mehr lieben. Ja, Herr Pastor, dieses Gebet werde ich weiterhin beten, bis ich Jesus sehen werde.«

Diese Frau sah und bekannte nicht nur ihre Sünde, sondern sie wandte sich von ihrer Sünde ab und Jesus zu. Weil sie wußte, daß Jesus ihr all ihre Schuld vergeben hatte, konnte sie ihr altes, trauriges Leben hinter sich lassen und ein ganz neues Leben beginnen: ein Leben, das voller Freude war, weil sie nun nach vorn, auf Jesus, blicken konnte und nicht mehr nach hinten zu blicken brauchte.

Schlüsselverse

Hier sind zwei Gebete von David, die in den Psalmen stehen:

»Nimm meine Schuld von mir, dann werde ich rein! Wasche mich, dann werde ich weiß wie Schnee! ... Sieh nicht auf meine Verfehlungen, tilge meine ganze Schuld! Mach mich zu einem neuen Menschen, Herr, der fest und beständig zu dir hält« (Psalm 51,9–12).

»Durchforsche mich, Gott, sieh mir ins Herz, prüfe meine Wünsche und Gedanken! Und wenn ich in Gefahr bin, mich von dir zu entfernen, dann bring mich zurück auf den Weg zu dir« (Psalm 139,23.24).

Zum Nachdenken

Welche wichtigen Lektionen können wir aus dieser Geschichte lernen?

Bekehrung
Bibeltext: Johannes 3,1–16

17. Der Kapitän und der Kabinenjunge

Kapitän Brown lebte in den Tagen der großen Segelschiffe, und sein prächtiger Viermaster war einer der schönsten der Handelsmarine. Der Kapitän hatte die ganze Welt umsegelt, und sein Mut und seine eiserne Strenge waren sprichwörtlich. Seine Mannschaft setzte sich aus großmäuligen, trinkfesten Männern zusammen, die vor nichts Angst hatten. Wer mit Kapitän Brown segeln wollte, der mußte ein harter Kerl sein, sonst hielt er es nicht lange aus.

Kapitän Brown war unerschrocken wie je zuvor, doch es gab Leute, die flüsterten, er habe seine beste Zeit hinter sich und solle allmählich an Land gehen. Doch sie flüsterten das nur sehr leise, denn wenn er sie gehört hätte, hätte er sie umgehend über Bord geworfen. Niemand hatte Kapitän Brown zu sagen, wann er in den Ruhestand treten sollte!

An einem schönen Sommertag lief sein Schiff, der Goldene Adler, aus dem Hafen aus, um den Atlantik zu überqueren. Der Wind war günstig, und so würden sie wohl bald Amerika erreichen. »Und dann lasse ich mich vielleicht mal von einem amerikanischen Arzt untersuchen«, nahm Kapitän Brown sich vor. »Ich fühle mich nicht so ganz gut. Bin sicher zu lange an Land gewesen. Das ist überhaupt nicht gesund. Vielleicht geht's mir wieder besser, sobald mir auf See der Wind um die Nase weht.«

Aber es ging ihm nicht besser, und nach ein paar Tagen merkte er, daß er nicht einmal mehr seine wütenden Befehle brüllen konnte – er war viel zu kurzatmig dazu. Und als er an einem Tag zum Ausguck hinaufgeklettert war, wurde ihm so schwindelig, daß er es nicht noch einmal versuchen wollte. Er zog sich in seine Kabine zurück, knurrend wie ein alter Löwe, und ließ den Ersten Offizier zu sich rufen.

»Du mußt jetzt für ein oder zwei Tage das Kommando übernehmen!« knurrte der Kapitän. »Hab' mir 'ne leichte Bronchitis geholt. Bin bald wieder auf den Beinen.« Aber in dieser Nacht fand er nur wenig Schlaf, und am Morgen untersuchte ihn der Schiffsarzt. Der sagte ihm, er solle sich ein paar Tage ausruhen, dann habe ihn die Seeluft ganz sicher wieder gesund gemacht.

Doch draußen, vor der Kabinentür, schüttelte der Arzt den Kopf und blickte besorgt den Ersten Offizier an. »Ich glaube nicht, daß der Alte noch mal an Land kommt«, sagte er. »Die ganze Brust ist zu, und jetzt gibt es unweigerlich eine Lungenentzündung. Nun ja, er will sicher lieber im Ozean begraben sein als unter der Erde. Er ist noch nie eine Landratte gewesen.«

Kapitän Brown in seiner Kabine wußte ebenfalls nur zu gut, daß ihm die Seeluft keine Heilung bringen konnte. In gewisser Hinsicht war er gar nicht traurig darüber, denn er hatte immer auf hoher See sterben wollen. Aber er war ein alter Mann, der zeit seines Lebens getrunken und geflucht hatte – und nun ging es zu Ende mit ihm . . . Zum erstenmal seit vielen Jahren begann er sich zu fragen, was wohl jetzt kommen würde. Wenn es einen Gott gab, konnte er ihm nicht unter die Augen treten. Das jagte ihm Angst ein. Wäre er an Land gewesen, hätte er jetzt in eine Kirche gehen oder nach einem Pfarrer schicken oder sich eine Bibel leihen können. Doch hier, auf seinem Schiff? Wenn er einen seiner Leute beim Bibellesen erwischt hätte, hätte er dieses Buch eigenhändig ins Meer geworfen.

Kapitän Brown döste den ganzen Tag vor sich hin, von unheimlichen Träumen geplagt, und als er am Abend erwachte, merkte er, daß es ihm noch schlechter ging. Seine Angst wuchs. Als der Erste Offizier in die Kabine trat, um die Befehle des Kapitäns entgegenzunehmen, fragte ihn Kapitän Brown plötzlich: »Gibt es hier auf dem Schiff einen, der eine Bibel hat?«

Der Erste Offizier starrte ihn an. ›Der Alte redet im Fieber wirres Zeug!‹ dachte er.

Der Kapitän versuchte, sich etwas in den Kissen aufzusetzen. »Ich hab' gefragt«, schnaufte er wütend, »ob irgend jemand auf diesem Schiff eine Bibel hat. Kannst du mir auf eine klare Frage keine klare Antwort geben?«

»N-n-ein, Herr Kapitän, ich glaube nicht, daß wir eine Bibel haben«, stotterte der Erste Offizier. »Aber ich kann ja mal gehen und mich erkundigen.«

»Verschwinde!« keuchte der Kapitän. »Und komm nicht ohne Bibel zurück!«

Als die Mannschaft erfuhr, daß der Kapitän nach einer Bibel verlangte, hielten sie das für einen guten Witz. Aber der Erste Offizier war nicht zu Scherzen aufgelegt. Er fürchtete sich vor dem Zorn des Kapitäns.

»Für was hält der uns eigentlich?« rief ein Matrose. »Eine Sonntagschulklasse?«

In diesem Augenblick fiel ihm etwas ein. Er überlegte einen Augenblick. »Wartet mal!« sagte er. »Sonntagschule, Sonntagschule ... Da ist doch der kleine neue Kabinenjunge, Jo Prescott. Den hab' ich letztens unten in seiner Hängematte was lesen sehen. Er sieht aus wie 'ne halbe Portion, arbeitet aber gut ...«

»Hol ihn her!« bellte der Erste Offizier, und einen Augenblick später stand der Kabinenjunge, Jo Prescott, das jüngste Mitglied der Schiffsbesatzung, zitternd vor dem Stellvertreter des gefürchteten Kapitäns.

»Jo Prescott?«

»J-ja, Sir.«

»Ich hab' gehört, daß du unten in deiner Hängematte gelesen hast.«

»Nur wenn ich mit der Arbeit fertig war, Sir.«

»Was liest du denn?«

»Meine Bibel, Sir.«

»Aha. Also, dann hol deine Bibel und bring sie dem Kapitän sofort in seine Kabine! Sag ihm, daß ich dich schicke, und beeil dich!«

Der Junge wurde ganz blaß. Er fürchtete sich vor dem Kapitän, aber ihm blieb nichts anderes übrig, als zu gehorchen und loszurennen. Und schlimmer noch als die Angst vor dem Kapitän war eine andere Furcht: Wenn sie ihm nun die Bibel wegnahmen ...

Bald darauf kam er, sein geliebtes Buch fest an sich gepreßt, wieder über das Deck gerannt. Er klopfte an die Tür der Kapitänskabine. Aber er wurde nicht mit dem üblichen Gebrüll zum Eintreten aufgefordert. Die Stimme hinter der Tür klang müde und atemlos, und als Jo eintrat, kannte er seinen Kapitän kaum wieder. Die blasse Gestalt, die da auf dem Bett lag, war nicht mehr der Kapitän Brown, wie er ihn kannte. Jos Furcht wich einem tiefem Mitleid, während er dastand und darauf wartete, daß der Kapitän ihn ansprach.

»Wer bist du?«

»Jo Prescott, Sir; der Kabinenjunge.«

»Wer hat dich geschickt?«

»Der Erste Offizier, Sir. Er hat mir gesagt, ich soll Ihnen meine Bibel bringen.«

»Ach ja, eine Bibel!« Die müde Stimme klang plötzlich gespannt. »Setz dich, Junge, setz dich! Ich kann selbst nicht mehr lesen ... Meine Augen sind zu müde geworden ... Lies mir irgend etwas aus dieser Bibel vor ... Ich werde vielleicht nie mehr den Hafen erreichen.«

Jo blätterte aufgeregt in seiner Bibel, denn er merkte, daß der alte Mann sehr krank war. Endlich hatte er die Stelle, die er suchte: das dritte Kapitel des Johannesevangeliums. Er las die Geschichte von Nikodemus, der sich danach sehnte, in Gottes neue Welt hineinzukommen. Jo las die Geschichte langsam und deutlich vor, aber der Kapitän hatte die Augen geschlossen und zeigte durch keine Regung, daß er überhaupt zuhörte. Als Jo zum 16. Vers kam, las er deshalb besonders langsam: »Gott liebte die Menschen so sehr, daß er seinen einzigen Sohn hergab. Nun wird jeder, der sein Vertrauen auf den Sohn Gottes setzt, nicht zugrunde gehen, sondern ewig leben.«

Der Kapitän öffnete die Augen und starrte Jo an. Das gab dem Jungen Mut, fortzufahren: »Bitte, Sir, darf ich Ihnen den Vers einmal so vorlesen, wie ihn mir meine Mutter immer vorgelesen hat?«

»Lies ihn, wie du möchtest, Junge«, keuchte der Kapitän, »aber mach weiter! Ich hab' nicht mehr viel Zeit.«

Also las Jo den Vers noch einmal: »Gott liebte Jo Prescott so sehr, daß er seinen einzigen Sohn hergab. Nun wird Jo Prescott, wenn er sein Vertrauen auf den Sohn Gottes setzt, nicht zugrunde gehen, sondern ewig leben.«

Der Kapitän hatte sich ihm ganz zugewandt. Seine Augen hingen an seinen Lippen, und er atmete sehr schnell.

»Lies das noch mal, Junge«, flüsterte er, »lies es noch mal . . . und setz den Namen deines Kapitäns ein.«

Also las Jo noch einmal: »Gott liebte Kapitän Brown so sehr, daß er seinen einzigen Sohn hergab. Nun wird Kapitän Brown, wenn er sein Vertrauen auf den Sohn Gottes setzt, nicht zugrunde gehen, sondern ewig leben.«

»Das ist es!« murmelte der Kapitän. »Das ist der Anker! Damit komme ich in den Hafen!«

Und während der alte Kapitän sein Gesicht dem himmlischen Hafen zuwandte, schlich Jo Prescott wieder nach draußen, seine geliebte Bibel unter seiner Uniform versteckt.

Wir haben gesehen, wie Gott in Jesus zu uns gekommen ist; wie er gestorben ist, um für die Sünden der Welt zu bezahlen, und auferstanden ist, um unser Heiland und Freund zu sein. Nun darfst auch du dich ihm anvertrauen, dann ist er auch *dein* Retter und Freund.

Schlüsselvers

»Gott liebte . . . so sehr, daß er seinen einzigen Sohn hergab. Nun wird . . ., wenn sie ihr (er sein) Vertrauen auf den Sohn Gottes setzt, nicht zugrunde gehen, sondern ewig leben« (Johannes 3,16).

Gebet

Herr, ich weiß, daß du die Welt geliebt hast und gestorben bist, um Sünder von ihrer Sünde zu erlösen. So bring ich heute meine *Sünde zu deinem Kreuz. Ich will sie dir bekennen und mich davon abwenden. Bitte vergib mir! Ich vertraue dir, daß du mich liebst.*

Ich vertraue mich dir als meinem *Retter an, und ich will dir für immer mein Leben übergeben.*

Ich setze meinen *Namen in diesen Vers ein.*

Zum Nachdenken

»Der Sohn Gottes hat *mir* seine Liebe erwiesen und sein Leben für mich gegeben« (Galater 2,20). Hast du Jesus schon dafür gedankt, daß er das für dich getan hat?

V. Ich glaube an den Heiligen Geist, Gottes Gegenwart in uns

Das Werk der Dreieinigkeit
Bibeltext: 2. Korinther 5,14–21

18. Der Freund, der sich erinnerte

Andreas und Peter waren gute Freunde. Sie saßen in der Schule nebeneinander und machten gewöhnlich auch gemeinsam ihre Hausaufgaben, denn Andreas fiel das Lernen viel leichter als Peter, und es machte ihm Spaß, seinem Freund zu helfen. In den Ferien unternahmen sie gemeinsame Ausflüge, und sie pflanzten gemeinsam in einem kleinen Schrebergarten Gemüse an, das sie dann an Freunde und Bekannte verkauften. Sie waren beide Einzelkinder, und ihre Mütter hatten sich längst daran gewöhnt, nicht nur einen, sondern zwei Jungen zu haben. Meistens waren sie allerdings bei Andreas zu Hause, denn bei Peters Eltern gab es viel Zank und Streit, und seine Mutter war so sehr mit ihren eigenen Sorgen beschäftigt, daß sie zuweilen ihren Sohn ganz zu vergessen schien.

Die Jahre vergingen. Andreas schnitt als Klassenbester ab, Peter dagegen mußte ein Schuljahr wiederholen. Von da an konnten die beiden Freunde nicht mehr so viel zusammensein. Andreas wollte Peter helfen, doch dem schien es gleichgültig zu sein, wie er in der Schule abschnitt. Dann mußte Andreas hart für seine Abschlußprüfungen arbeiten . . . und so entfernten sich die beiden Freunde allmählich immer weiter voneinander.

Andreas ging zur Universität und studierte Rechtswissenschaften. Peter suchte eine Arbeitsstelle nach der anderen, hielt es aber nirgendwo lange aus, und sein Vater lag ihm deshalb ständig in den Ohren, so daß er schließlich von zu Hause wegging. Mitten in der Stadt, gleich neben seiner Lieblingswirtschaft, mietete er sich ein Zimmer und schlug sich irgendwie durch. Irgendwann einmal heiratete er, doch seine Frau hielt es bald nicht mehr bei ihm aus und lief ihm davon. Weitere Jahre vergingen. Andreas hatte inzwischen sein Studium erfolgreich abgeschlossen, hatte eine Stelle als Richter in der Stadt bekommen und für sich und seine Familie ein großes Haus am Stadtrand gekauft. Peter beschloß, einen Bogen um seinen ehemaligen Freund zu machen.

Und doch sollten sie sich bald wieder begegnen, denn Peter kam mit dem Gesetz in Konflikt. Schon ein- oder zweimal war er wegen Trunkenheit und Ruhestörung auf der Polizeiwache gelandet, und er hatte sich auch anderer kleiner Vergehen schuldig gemacht. Er arbeitete als Hilfsarbeiter, doch der Lohn reichte ihm nicht für den Lebensunterhalt und seinen Alkohol und seine Zigaretten. So besserte er seine Speisekarte durch Ladendiebstähle auf – immer nur Kleinigkeiten aus dem Lebensmittelregal. Er war sehr vorsichtig, und nie hatte man ihn erwischt, bis zu dem Tag, an dem die Polizei ihn vor dem großen Kaufhaus anhielt und seine Taschen durchsuchte. Zu dumm, daß der Beamte ihm die Würstchen abnahm – er hatte sich schon so darauf gefreut, sie zum Abendessen zu braten!

Der Gedanke, vor Gericht erscheinen zu müssen, bedrückte Peter nicht allzu sehr, denn irgendwie fühlte er sich in letzter Zeit so erschöpft, daß ihm alles gleichgültig war, solange er nur etwas zu trinken hatte. Niemand kümmerte sich um ihn, warum sollte er sich da selbst Gedanken um sein Leben machen? Nur etwas beunruhigte ihn: Konnte es sein, daß er Andreas gegenübertreten mußte? »Aber vielleicht ist ja ein anderer Richter zuständig«, sagte er sich. »Und selbst wenn er es ist, hat er mich doch wahrscheinlich inzwischen vergessen.«

Es war kein anderer Richter zuständig. Da saß Andreas in seiner Richterrobe, und Peter hatte keine Ahnung, ob er ihn vergessen hatte oder nicht, denn er bemühte sich krampfhaft, den durchdringenden grauen Augen auszuweichen, die er so gut kannte. ›Andreas ist der einzige Mensch, der sich je wirklich um mich gekümmert hat‹, schoß es Peter durch den Kopf, und die Stimme, die das Urteil verkündete, schien von weit her zu kommen. Die verhängte Geldstrafe war höher, als er erwartet hatte.

Einen solchen Betrag würde er nie zusammenbekommen! Na ja, dann wanderte er eben zur Abwechslung mal ins Gefängnis!

Ziemlich verbittert betrat er an diesem Abend sein verwahrlostes kleines Zimmer. Manchmal hatte er davon geträumt, all seinen Mut zusammenzunehmen und Andreas aufzusuchen – aber diesen Traum konnte er nun ja endgültig begraben. Plötzlich haßte er seinen alten Freund. Der hätte ihn doch ohne weiteres freisprechen oder mildernde Umstände gelten lassen können. Aber nein, Andreas hatte erbarmungslos zugeschlagen. Peter ging zum Schrank, holte einen Stapel Briefe heraus, der schon lange dort lag, und zerriß einen Brief nach dem anderen. Er und Andreas hatten sich nach der Schule noch mehrere Jahre geschrieben.

Er warf sich auf sein Bett und gab sich ganz seinen bitteren Gedanken hin. Er schaltete das Licht nicht an, und so war es ganz dunkel im Zimmer, als es an die Tür klopfte.

»Das kann doch nicht die Alte sein, die die Miete kassieren will. Die ist doch erst in drei Tagen fällig«, murmelte Peter und blieb liegen. Aber wer auch immer da draußen stehen mochte, ließ sich nicht abweisen, sondern klopfte weiter – ziemlich schüchtern, nicht so ungeduldig wie die Hausbesitzerin, wenn sie die Miete kassieren wollte. Peter stand auf, schaltete das Licht an und öffnete die Tür.

Lange herrschte Schweigen. »Darf ich hereinkommen, Peter?« fragte Andreas schließlich.

»Wie du willst«, knurrte Peter.

Er starrte seinen Freund an. Der sah ohne seine Richterrobe ganz anders aus. Er war breiter geworden, und sein Haar war schon leicht ergraut, und doch glich er immer noch dem fröhlichen Jungen, der Peter bei seinen Rechenaufgaben geholfen hatte.

»Nimm Platz!« sagte Peter.

»Danke.«

Wieder herrschte Schweigen, bis Andreas schließlich fragte: »Peter, erinnerst du dich noch an unseren Schrebergarten?«

»Und ob! Willst du was zu trinken?«

»Ja, bitte.«

Wieder trat eine Pause ein, während Peter Gläser und etwas zu

trinken holte. Das Reden fiel ihm leichter, wenn er sein Glas in der Hand hielt.

»Peter, hast du Arbeit?«

»Arbeit? Nein; die nächste Arbeit werde ich wohl im Gefängnis bekommen. Was meinst du wohl, wie ich die Strafe bezahlen soll, die du mir aufgebrummt hast?«

»Deshalb bin ich gekommen. Die Strafe ist bezahlt, Peter ... von mir. Und ich komme mit meinem Garten nicht zurecht. Er ist viel zu groß und total verwildert. Du bist doch immer ein viel besserer Gärtner gewesen als ich, Peter. Weißt du noch, wie sich die Schnecken immer über mein Gemüse hergemacht und mich damit zur Verzweiflung getrieben haben? Nun ist mir etwas eingefallen. Neben meinem Haus ist ein kleiner Bungalow, und du könntest dich um den Garten kümmern. Du könntest sogar Gemüse anbauen und es auf dem Markt verkaufen. Es wäre schön, wenn wir wieder zusammensein könnten. Wärst du bereit, dir das zu überlegen?«

»Woher willst du wissen, daß ich deiner Frau nicht die Diamanten klauen würde?« erwiderte Peter, lachte aber dabei. Gärtner – das war immer sein Traum gewesen.

»Wann fängst du an?« fragte Andreas. »Morgen?«

»Ich will es mir überlegen«, versprach Peter. »Vielen Dank.«

Er stand am Fenster und sah zu, wie Andreas in den Regen hinausfuhr. Doch seine Gedanken waren schon eifrig bei der Arbeit. Er kannte den Garten. Oft hatte er über die Hecke geschaut und sich vorgestellt, was man alles daraus machen könnte. Da war die große Wiese, auf der man einen Obstgarten anlegen konnte. In einer geschützten Ecke des Gartens würde er Erdbeeren anpflanzen ... Lange, sehr lange stand er an dem Fenster und starrte hinaus. Aber er sah nicht die vom Regen verhüllten Straßenlaternen, auch nicht die großen Pfützen auf dem Gehsteig. Er stand im goldenen Schein der Herbstsonne, umgeben vom bittersüßen Duft von Chrysanthemen. Und er sah den tanzenden Schmetterlingen zu.

Der Richter, der Peter verurteilte, der Mann, der die Schuld bezahlte, und der Freund, der Peter einen ganz neuen Anfang in seinem Leben möglich machte – die drei sind in der Geschichte ein und dieselbe Person.

Genauso wird Gott eines Tages die Menschen richten und alle Sünde bestrafen. Weil er ein gerechter Richter ist, wird keine einzige Sünde vergessen werden. Der Lohn der Sünde ist der »ewige Tod«, und das bedeutet, ewig von Gott getrennt zu sein. Dieser Lohn muß gezahlt werden. Doch Gott, der Richter, legte seine Herrlichkeit ab und kam in Jesus zu uns; er bezahlte ein für allemal die Strafe für die Sünde, als er am Kreuz starb.
Nun kommt er im Heiligen Geist zu uns und bittet uns, Jesus ins Herz aufzunehmen und ein neues Leben mit ihm zu beginnen, ein Leben der Freude, weil er uns vergeben hat.

Schlüsselverse
»Weil er für sie gestorben ist, gehört ihr Leben nicht mehr ihnen selbst, sondern dem, der für sie gestorben und zum Leben erweckt worden ist... Wer zu Christus gehört, ist ein neuer Mensch geworden. Was er früher war, ist vorbei; etwas ganz Neues hat begonnen« (2. Korinther 5,15.17).

Gebet
Danke, Herr, daß du auf Golgatha meine Schuld bezahlt hast.
Danke, daß du auferstanden bist und mir einen neuen Anfang anbietest. Du hast mir deinen Heiligen Geist gegeben, damit mein Leben sinnvoll und brauchbar werden kann.
So hilf mir, daß ich jeden Tag die Dinge loslassen kann, die mein Leben verderben, und hilf mir, nahe bei dir zu bleiben und mich für dich einzusetzen.
Danke, Herr, für diesen wunderbaren Neuanfang.

Zum Nachdenken
Hast du schon diesen Neuanfang in deinem Leben erlebt? Wenn ja, in welchen Bereichen läßt du dir vom Heiligen Geist helfen, Altes abzulegen und Neues zu beginnen?

Das Werk des Heiligen Geistes – seine verwandelnde Kraft
Bibeltexte: 2. Korinther 3,18; Römer 8,1–11

19. Ein Zuhause für Virginia

Das Lager, in dem die Bergleute lebten, sah so schlimm aus wie das Leben, das die Männer führten. Ein paar heruntergekommene Hütten und einige Wirtshäuser, das war alles. Und jeder Mann trug ein Messer bei sich. Viele der rauhen Gesellen hatten gute Gründe, in einem der Minendörfer des Westens unterzutauchen, und Roaring Camp war besonders berüchtigt. Hier herrschten Alkohol, Mord und Totschlag und alle nur erdenklichen Laster.

Der nächste medizinische Hilfsposten war viele Kilometer weit entfernt. So wußte niemand, was geschehen sollte, als in einer stürmischen Nacht ein total erschöpftes Mädchen mit einem Bündel im Arm ins Lager stolperte und um eine Unterkunft bat. Sie legten sie auf eine Matratze in einer unbewohnten Hütte, und das Mädchen schloß die Augen und drehte sich mit dem Gesicht zur Wand, während die Männer sich aufmachten, um Hilfe herbeizuholen. Doch als sie zurückkehrten, war es zu spät. Das Mädchen war gestorben und hinterließ den Bergleuten eine schreiende kleine Tochter ohne den geringsten Hinweis, woher sie gekommen oder wohin sie unterwegs gewesen war.

Wieder waren die Männer ratlos. Sie begruben die junge Mutter in der weichen Erde unten am Fluß, und jemand schlug vor, das Kind sollte mit dem nächsten Lastwagen, der das Bergwerk verließ, mitfahren und den Nonnen gebracht werden. Doch der nächste Lastwagen würde erst in drei Tagen aufbrechen, und das Baby schrie aus Leibeskräften. Sie starrten es hilflos an, da bahnte sich zu aller Überraschung der alte Charlie plötzlich einen Weg durch die Menge und hob das schmutzige, schreiende kleine Bündel auf.

»Laßt sie mir!« knurrte er. »Ich hab' schon mal 'ne Kleine großgezogen. Du, Tom, mach dich auf den Weg zu dem Hirten in den Hügeln! Sag ihm, er soll mir was Milch bringen, aber schnell! Und du, Jo, lauf zum Handelsposten runter und kauf 'ne Babyflasche! Und wag dich bloß nicht ohne zurück!«

Die Männer staunten. Charlie war wohl der älteste Mann im Camp, und seine Hütte war eine der schmutzigsten. Außerdem galt er als ein etwas sonderlicher Außenseiter, beteiligte er sich doch selten an den wüsten Feiern der jüngeren Männer. Statt dessen saß er stundenlang vor seinem Haus und starrte, an seiner Pfeife kauend, auf die vom Bergbau mißhandelte Landschaft. Er sprach nur wenig, und niemand wußte, woher er kam oder wovor er auf der Flucht war. Ja, er war ein sonderbarer Mensch, der alte Charlie, und so ließ man ihn in Ruhe.

Charlie trug das kleine Mädchen nach Hause und legte es auf seine schmutzige Decke. Eine Weile lang stand er unbeweglich vor dem Bündel und starrte es hilflos an. Vor langer, langer Zeit hatte er selbst eine kleine Tochter gehabt, doch seine Frau war ihm davongelaufen und hatte das Kind mitgenommen. Daß seine Frau ihn verließ, hatte ihm nicht sonderlich leid getan, denn schon lange haßten sie einander. Aber als die kleine Virginia verschwunden war, war etwas in ihm gestorben.

»Ich nenne sie Virginia«, murmelte er. »Aber meine Virginia war sauber wie eine weiße Blume. Ich sollte das Baby lieber waschen.«

Er zündete ein Holzfeuer an und erhitzte Wasser in einem zerbeulten Blecheimer. In einer alten Schachtel fand er einen Rest Seife, und bald war die neue Virginia sauber. Aber konnte er ein frischgewaschenes Kind in eine so schmutzige Decke hüllen? Er überlegte. Irgendwo mußte er doch noch ein sauberes Leinenhemd und ein paar saubere Handtücher haben. Wo nur? Richtig, ganz unten in seiner Kleiderkiste! Er wickelte das Kind darin ein und wanderte mit ihm in der Stube auf und ab, um das hungrige Schreien zu stillen. Endlich kam der Hirt mit etwas Schafsmilch. Bis Jo mit der Babyflasche erscheinen würde, würden noch viele Stunden vergehen, so riß Charlie von einem sauberen Tuch einen Streifen ab, tauchte ihn in die Milch und ließ die kleine Virginia daran saugen. Bald schlief sie satt und zufrieden ein.

»Sie braucht eine Wiege«, murmelte Charlie und strich ihr

vorsichtig über den kleinen Kopf. Er merkte, wie er das hilflose Wesen zu lieben begann. Unter den Fußbodenbrettern seiner Hütte hatte er Gold verborgen, und der Hirt hatte sich bereit erklärt, jeden Tag zu kommen. Charlie legte Virginia vorsichtig auf die Decke und ging hinaus, um mit dem Wirt der nächsten Schenke zu verhandeln. Der überließ ihm eine große leere Schachtel und etwas Stroh, dazu eine Menge weißer Stoffreste. Vom Handelsposten bekam er schließlich ein Babyfläschchen und sogar noch ein paar Babykleider und eine Decke. Inzwischen war die ganze Siedlung neugierig geworden, und das Pflegekind des alten Charlie war Thema Nummer eins im Dorf.

Einige Tage später blickte Charlie nachdenklich auf seine neue Tochter hinunter. Sie lag da und schlief wie eine wunderschöne weiße Blume unter ihrer neuen sauberen Decke im Pappkarton, der mit weißen Stoffresten verkleidet war. Aber irgendwie gefiel ihm das Ganze noch nicht, und zum erstenmal fiel ihm auf, wie schmutzig der Fußboden war. Da wirkte die makellos saubere Wiege am falschen Ort, und so putzte und scheuerte Charlie zum erstenmal gründlich die Fußbodenbretter, und am Ende hatten sie eine ganz andere Farbe. »So, da kann die Wiege jetzt stehen. Das wird bestimmt gut aussehen«, sagte er triumphierend und setzte sie wieder vom Bett auf den Fußboden.

Aber nun paßte der Fußboden auf einmal nicht mehr zum Übrigen, denn Charlie merkte auf einmal, wie schmutzig und heruntergekommen die Wände und die Decke aussahen. »Am besten gebe ich Virginia noch einmal zu essen und bringe sie dann zu Tom hinüber«, dachte Charlie. »Und dann gehe ich in den Laden. Ich brauche eine Bürste und Tünche. Irgendwie muß ich das Haus sauberkriegen.«

Zwei Tage lang arbeitete er wie ein Wilder, und zwei seiner Nachbarn halfen ihm, während ein dritter für Virginia sorgte, die Ursache des ganzen Aufruhrs. Am zweiten Abend trug er sie stolz in seine blitzblanke Wohnung zurück und hielt sie auf seinen Knien. Mit ernsten babyblauen Augen starrte sie verwundert die weißen Wände und die Zimmerdecke an. Dann wanderte ihr Blick zu ihm, seinen Kleidern mit den Schmutz- und Tabakflekken, seinem verfilzten Bart, seinem ungepflegten Haar und seinen großen, schmutzigen Händen. Charlie fühlte sich auf einmal nicht mehr wohl in seiner Haut. War er in dieser sauberen Stube nicht selbst fehl am Platz?

»Vielleicht sollte ich mal in einen Spiegel sehen«, überlegte er – aber er hatte keinen. So legte er Virginia vorsichtig in ihre Wiege und wanderte zum Bach hinunter. An einer Stelle, wo das Wasser ganz ruhig war, betrachtete er sein Spiegelbild und lachte. »Ich könnte wohl auch 'nen Frühjahrsputz gebrauchen«, murmelte er. Der Friseur schnitt ihm das Haar und den Bart, und auf dem Handelsposten kleidete er sich ganz neu ein. Seine alten Kleidungsstücke wusch er. Die wollte er nur noch anziehen, wenn er in der Grube arbeitete. Augenblicklich konnte er das nicht, weil er zu viele Aufgaben als Vater hatte. Wie gut, daß er unter dem Bodenbrett den kleinen Goldvorrat verborgen hatte!

Die kleine Virginia wuchs und gedieh in ihrem Palast, und ihr Adoptivvater sorgte gut für sie und achtete darauf, daß alles vor Sauberkeit glänzte. Der Frühling ging zu Ende, das Wetter wurde wärmer, Charlie trug die Wiege nach draußen in den Sonnenschein, und die kleine Virginia strampelte und lachte und krähte und freute sich am blauen Himmel und den Vögeln.

›Aber bald wird sie sitzen können‹, dachte der arme Charlie; ›und was wird sie dann mit ihren babyblauen Augen erblicken? Festgetretenen Lehm und Unkraut und Berge von Abfall. Das geht doch nicht!‹

So begann Charlie seinen Vorgarten umzugraben, und beim Handelsposten besorgte er sich Blumensamen. Er ging in den Wald und schlug Holz für einen Zaun, und sein Baby krähte zustimmend und freute sich. In der Frühsommersonne und der warmen Bergluft wuchsen die Blumen schnell, und als Virginia ihren Lockenkopf über den Rand ihrer Wiege emporrecken konnte, grünte und blühte Charlies Garten in den prächtigsten Farben.

Die anderen rauhen Männer sahen die Veränderungen bei Charlie und ließen sich davon anstecken. Nach und nach wurden weitere Gärten angelegt, andere Hütten wurden geputzt und getüncht. »Warum sollen wir eigentlich wie die Schweine leben?« fragten die Männer.

Ja, warum? Das war wirklich nicht einzusehen, doch der eigentliche Grund für die Verwandlung war die Anwesenheit eines winzigen Babys, das nicht in diese schmutzige Umgebung paßte.

Wenn der Heilige Geist in dein Herz einzieht, schafft er in dir ein neues reines Leben. Du kannst es unbeachtet lassen, oder du kannst es wichtig nehmen.
Der alte Charlie machte die kleine Virginia zum Mittelpunkt seines Hauses. Alles mußte zu diesem neuen Leben passen, und was nicht paßte, mußte verändert werden.
Für uns bedeutet das:
Wenn Jesus im Mittelpunkt steht, zeigt er uns, was nicht in Ordnung ist.
Wenn Christus im Mittelpunkt steht, gibt er uns die Kraft, uns zu ändern.
Wenn Christus im Mittelpunkt steht, verwandelt er unser Leben mit seiner Schönheit und Liebe.

Schlüsselvers
»Gott hat alle, die er ausgewählt hat, dazu bestimmt, seinem Sohne gleich zu werden« (Römer 8,29).

Gebet
O Herr, du hast mir ein neues Leben geschenkt. Hilf mir, daß ich es ganz wichtig nehme.
Hilf mir, Jesus immer besser kennenzulernen, damit ich merke, was in meinem Leben geändert werden muß.
Erfülle mich mit deinem Heiligen Geist, damit er mich verändert und Jesus ähnlicher macht.

Zum Nachdenken
Hat dir der Heilige Geist in letzter Zeit etwas deutlich gemacht, was du in deinem Leben ändern solltest? Läßt du dir dabei von ihm helfen?

VI. »Der Geist aber bringt hervor Liebe, Freude, Frieden, Geduld, Freundlichkeit, Güte, Treue, Nachsicht und Selbstbeherrschung« (Galater 5,22)

Der Geist bringt Liebe hervor
Bibeltext: Galater 5

---

20. Eine Überraschung für den Räuberhauptmann

Chang war der Anführer einer chinesischen Räuberbande. Er lebte vor langer Zeit, als Ausländer noch ungehindert in China leben und arbeiten konnten. Changs Bande war gefürchtet wegen ihrer Hinterhältigkeit und Grausamkeit. Die Männer lebten in Höhlen hoch oben im Bergland, wo die Regierungssoldaten sie nicht finden konnten. In finsteren, stürmischen Nächten kamen sie aus ihren Verstecken heraus und überfielen, bis an die Zähne bewaffnet, die Dörfer in der Umgebung. Auf ein verabredetes Zeichen hin sprangen sie aus ihrem Hinterhalt, schossen die wild bellenden Hunde des Dorfes nieder und rissen alles an sich, was ihnen in die Hände kam. Wer ihnen Widerstand zu leisten wagte, wurde rücksichtslos niedergemacht. Später verkauften sie dann ihre Beute nach und nach auf weit entfernten Märkten, und wenn dann ihre Taschen wieder leer waren, begaben sie sich auf ihren nächsten Raubzug. So war kein Dorf in der ganzen Umgebung vor ihnen sicher. Niemand hatte die Bande bisher aufhalten können oder wußte, wo sie sich versteckt hielt.

Eines Tages nahm sich Chang eine größere Sache vor. Hoch oben in seiner Felsenfestung berichtete er seiner Bande von seiner Idee. Die Männer sahen schlimm aus, und fast alle von ihnen haßten und fürchteten ihren Führer, der stets den größten Teil der Beute für sich selbst beanspruchte. Doch die meisten von ihnen waren aus irgendeinem Gefängnis ausgebrochen oder gar der Todesstrafe entkommen und wagten sich nicht in ihre alte Umgebung zurück. Also blieben sie bei der Bande und hörten Chang gelangweilt zu. Er jammerte darüber, daß sie in letzter Zeit in den Dörfern wenig Beute gemacht hätten. So könne es nicht weitergehen. Sie müßten sich mehr anstrengen. Unten im Süden, am Fuß der Berge, sei eine kleine Stadt. Dort gäbe es eine Menge Geschäfte, wo man sich »bedienen« könne, und vor allem gebe es dort ein kleines Hospital, das von drei fremden Teufeln (so wurden Ausländer damals in China genannt) geleitet würde. Aus der ganzen Umgebung strömten die Leute dorthin, um sich Medizin zu holen, und für die ganz Kranken gäbe es sogar einige Betten. Ärzte seien zweifellos reich. Also sei in dem Hospital Geld zu holen. Außerdem Decken und andere nützliche Sachen, die den fremden Teufeln gehörten. Ja, in der kleinen Stadt könnten sie große Beute machen.

Die Männer hörten mißmutig zu. Dieses Unternehmen war viel gefährlicher als alles, was sie bisher gemacht hatten. Doch gegen ihren Führer zu rebellieren, bedeutete den sicheren Tod. Sie setzten ja ständig ihr Leben aufs Spiel, daran hatten sie sich schon gewöhnt, und Decken für den kalten Winter in den Bergen, dafür lohnte es sich schon, etwas zu riskieren.

Der Angriff war für die Neumondnacht geplant, denn dann würde es am dunkelsten sein. Chang hatte schon einen Kundschafter in die Stadt geschickt, und der hatte einen Lageplan gezeichnet. Die Männer versammelten sich um die grobe Kohlezeichnung, und jeder einzelne bekam seine Aufgabe zugeteilt: wohin er gehen und was er angreifen sollte. Sobald Chang pfiff, sollten alle unverzüglich den Rückzug antreten. Der ganze Überfall durfte nur ein paar Minuten dauern. Chang selbst würde mit zwei weiteren Bandenmitgliedern das Spital überfallen.

Die Nacht kam, die Räuber griffen die Stadt an, und zunächst verlief alles wie geplant. Der Nachtwächter des Spitals wurde schnell überwältigt, und Chang und seine beiden Begleiter drangen in das stille Haus ein und rafften alles zusammen, was ihnen in die Hände kam. Als sie gerade wieder verschwinden wollten, kam der ausländische Arzt mit zwei weißen Frauen aus dem Wohnhaus gerannt, aber auch mit ihnen wurden die Räuber schnell fertig. Chang ließ seine Waffe mit solcher Wucht auf den ausgestreckten Arm des Arztes niedersausen, daß er den Knochen krachen hörte. Die Frauen waren unbewaffnet und wandten sich zur Flucht, als Chang sie mit seinem Messer bedrohte. Doch als er seine Pfeife an die Lippen setzen wollte, merkte er, daß etwas schiefgegangen war. Diesmal war man auf ihren Angriff vorbereitet gewesen, und die Miliz war zur Stelle.

In der Stadt tobte ein heißer Kampf. Schüsse und Schreie hallten durch die Nacht, flüchtende Gestalten hasteten durch die Straßen. Chang zögerte. Was sollte er machen? Sollte er sich in das Getümmel stürzen und für seine Männer kämpfen? Oder sollte er seine Beute fallen lassen und in den Schutz der Bäume hinter dem Spital verschwinden? Er kam zum Schluß, daß jetzt jeder für sich selbst sorgen müßte. So ergriff er die Flucht und schleuderte seine brennende Petroleumlaterne gegen die Holzwand des Spitals. Ein Feuer würde zusätzlich Verwirrung stiften und ihm die Flucht erleichtern. Fluchend und keuchend hastete Chang durch den Wald. Er stolperte über Wurzeln, landete in übelriechenden Tümpeln und Abwassergräben und zerriß sich an Dornsträuchern seine Kleidung. Doch die Schreie und das Klirren der Waffen wurden immer leiser, und Feuerschein erhellte den Himmel. Chang hatte es geschafft. Er war aus der Stadt heraus. Doch damit war er noch nicht in Sicherheit. Gleich nach Sonnenaufgang würden sie die Hügel durchkämmen, und bis dahin mußte er in einem der vielen Verstecke in den Bergen untergetaucht sein.

Chang wurde nicht gefangen. Tagelang floh er kreuz und quer durch die Berge, bettelte in den Dörfern und half da und dort bei den Erntearbeiten, und niemand kam auf die Idee, dieser zerrissene, erschöpfte Landstreicher könnte Chang sein, der König der Räuber und der Schrecken des ganzen Landes.

Aber er fand keine Ruhe. Ja, er war böse und selbstsüchtig. Schließlich war er der Anführer einer Bande gewesen. Er hatte seine Männer gequält und betrogen, doch nun sehnte er sich nach ihnen. So etwas wie Liebe hatte es zwischen ihnen nicht gegeben, aber er war auf eine seltsame Weise stolz auf sie gewesen. Wie viele von ihnen mochten wohl bei dem Kampf umgekommen sein? Wie viele waren von der Miliz gefangengenommen worden? Wie vielen außer ihm war die Flucht geglückt?

Schließlich konnte er es nicht länger ertragen. Die Suche nach ihm mußte längst eingestellt worden sein, und selbst seine eigenen Männer hätten ihn in seinem jetzigen Aufzug nicht mehr erkannt. Er war rasiert und wie ein armer Kuli gekleidet. Er wollte zur Stadt hinuntergehen und sich nach dem Schicksal seiner Männer erkundigen. Und dort unten wollte er sich dann eine Arbeit suchen und mit der Zeit vielleicht sogar ein Haus und ein Reisfeld kaufen. Der Verlust seiner Bande hatte seine Kampfeslust gebrochen. Er sehnte sich nur noch nach Ruhe und Frieden.

Am nächsten Markttag ging er wie viele Bewohner der Bergdörfer in die Stadt. Er wanderte in den Straßen umher und sah sich unauffällig um. Das Spital war noch nicht wieder aufgebaut worden, und die fremden Teufel waren nirgendwo zu sehen. Chang betrachtete die Ruinen und fragte dann einen Einwohner der Stadt: »Ich habe gehört, daß das Haus Ausländern gehört hat. Schlimm, daß es abgebrannt ist. Wie ist das denn passiert?«

»Die verfluchten Räuber sind gekommen. Sie haben das Krankenhaus in Brand gesteckt und unseren Doktor verletzt. Nun ist er abgereist. Aber er und seine Leute werden sicher wiederkommen und das Spital wieder aufbauen.«

»Und was ist mit den verfluchten Räubern passiert? Haben sie ihre gerechte Strafe bekommen?«

»Viele sind im Kampf getötet worden, andere wurden gefangengenommen. Drei von ihnen wurden lebensgefährlich verletzt.«

»Und was geschah mit den verletzten Hunden?«

»Die Miliz wollte sie wegschleppen und sterben lassen, aber der Doktor kam heraus und bat für sie. Er sagte: ›Laßt sie hier sterben!‹«

»Bat für sie? Warum? Wollte er sie selbst töten?«

»Oh, nein! Sie predigen eine Religion der Liebe. Das Spital wurde niedergebrannt, aber der Doktor nahm die drei Männer zu sich ins Haus. Sein Arm war gebrochen, so konnte er selbst nicht viel tun, aber er sagte den Frauen, was sie tun sollten. Er ging in eine andere Stadt, und dort bekam er einen Gips um den Arm, aber am nächsten Tag war er schon wieder da. Tag und Nacht wachte er bei den drei Schurken und sorgte für sie, als seien sie seine Kinder. Da wurden diese Löwen zu Lämmern. Einer starb, aber zwei überlebten.«

»Und wo sind sie jetzt? Hat er sie der Miliz übergeben?«

»Oh, nein. Die Miliz hielt sie für tot und kam nicht zurück. Als der Doktor abreiste, nahm er die beiden mit. Sie waren wie seine Söhne. Ich glaube nicht, daß sie ihn je verlassen werden. Und er liefert sie bestimmt nie aus!«

Chang konnte das nicht glauben, doch als er die unglaubliche Geschichte von verschiedenen Leuten hörte, dämmerte ihm, daß sie sich wohl wirklich zugetragen hatte. Da hatte ein Mann seine Feinde geliebt und ihnen Gutes erwiesen, obwohl sie ihn überfallen und beraubt hatten. Und so waren aus Feinden Freunde geworden. Liebe war stärker gewesen als alle Waffen.

So etwas hatte Chang noch nie gehört. Dies war keine irdische Liebe, wie Menschen sie hervorbringen konnten. In dieser Nacht fand Chang keinen Schlaf in seiner Herberge. Er beschloß, nach der Quelle dieser Liebe zu suchen. Die Leute in der Stadt hatten gesagt, die Fremden hätten eine Religion der Liebe, und es gäbe noch mehr Anhänger dieser Religion.

Chang blieb seinem Entschluß treu. Er wanderte von Stadt zu Stadt, verdiente sich mit allen möglichen Arbeiten seinen Lebensunterhalt und suchte nach der Religion, die es den Menschen ermöglichte, ihre Feinde zu lieben. Und eines Tages fand Chang Leute, die Jesus nachfolgten, und sie konnten ihm mehr von der Quelle dieser Liebe erzählen.

Die Quelle der vergebenden Liebe ist nämlich Gott, und er hat seine Liebe durch Jesus in die Welt strömen lassen. Durch den Heiligen Geist schenkte er auch uns diese Liebe, so daß wir es lernen können, so zu lieben und zu vergeben, wie Gott es tut.

Wenn du wissen willst, wie Gott liebt, lies 1. Johannes 4,7–21.

Wenn du wissen willst, wie wichtig das ist, dann lies 1. Korinther 13.

Schlüsselvers

»Gott hat unsere Herzen mit seiner Liebe erfüllt, als er uns den Heiligen Geist geschenkt hat« (Römer 5,5).

Gebet

Lieber Vater im Himmel, eine solche Liebe, die selbst Feinde liebt, können wir von uns aus niemals hervorbringen. Wir danken dir, daß Jesus sie uns vorgelebt hat.

Der Heilige Geist bringt hervor . . .

Und nun bitten wir dich, daß dein Heiliger Geist in uns wirkt und in uns diese Liebe hervorbringt, zu der wir selbst nicht fähig sind.

Zum Nachdenken
Jesus hat Gottes Grundsatz der Vergebung im Vaterunser so ausgedrückt: »Vergib uns unsere Schuld, wie auch wir vergeben unsern Schuldigern.« Was bedeutet das in unserem täglichen Leben?

Der Geist bringt Freude hervor
Bibeltext: Johannes 16,20–33

21. Ein Siegeslied

Niemand weiß genau, warum Kaiser Nero die frühen Christen in Rom so sehr haßte. Er hatte absolute Macht über Leben und Tod seiner Untertanen, und sie lebten in ständiger Furcht vor ihm. Diese Christen jedoch fürchteten ihn nicht, denn sie hatten die Angst vor dem Tod verloren. Sie wußten, daß selbst der Tod sie nicht von der Liebe Gottes trennen konnte, und sterben bedeutete für sie voller Freude in die Gegenwart Christi treten. Und so gingen viele von ihnen singend in den Tod. Sie wußten, daß Nero zwar ihren Körper töten könnte, daß er aber keine Macht über ihren Geist hatte. Vielleicht haßte er sie deshalb so sehr.

Den ganzen Sommer lang hatte Nero es genossen, im Kolosseum zu sitzen, dem riesigen Freilichttheater in Rom, und sich und die römische Bevölkerung mit dem Schauspiel zu erfreuen, wie Christen den wilden Tieren vorgeworfen wurden. Doch im kalten römischen Winter war das Kolosseum geschlossen, und so fragte sich Nero, was mit den 40 Christen geschehen sollte, die aufgespürt und verhaftet worden waren und nun das kaiserliche Herz erfreuen sollten.

»Sie sollen erfrieren«, knurrte Nero und blickte in die weiße Winterlandschaft hinaus. Einem Hauptmann seiner Leibwache befahl er, die 40 Gefangenen zu einem kleinen zugefrorenen See in den Hügeln über der Stadt zu führen, sie zu entkleiden und sie in der Nacht aufs Eis zu schicken, damit sie dort starben oder ihrem Glauben abschworen. Der Hauptmann und seine Männer sollten am Ufer ein großes Feuer entzünden und daneben Wache halten, bis der letzte verurteilte Verräter tot umgefallen war oder seinen Glauben verleugnete und ans wärmende Feuer kam.

Neros Befehle wurden ausgeführt, und so standen bald 40 Menschen im Mondschein eines klaren Winterhimmels in der Mitte des zugefrorenen Sees. Doch dann und wann wurde das

Knistern des Feuers von einem Lied übertönt, das dort in der Mitte des Sees angestimmt wurde:

»Vierzig Getreue kämpfen für dich, o Christus,
erringen für dich den Sieg,
gewinnen für dich die Krone!«

Der Hauptmann hörte schweigend und traurig zu, denn auch er kannte den Weg des Christus. Auch er glaubte, daß dieser Weg zum ewigen Leben führte, aber er hatte nie den Mut aufgebracht, sich dazu zu bekennen. Er hatte zu viele Christen leiden sehen; wie konnte er aushalten, was sie ertragen mußten?

Plötzlich verstummten alle Soldaten, und alle Gesichter wandten sich dem See zu. Da stolperte eine Gestalt auf sie zu, den Kopf schamgebeugt. Die Eiseskälte und der Anblick des Feuers hatten die Widerstandskraft des Mannes gebrochen. Die Soldaten brachen in spöttisches Gelächter aus, zerrten den Mann ans Ufer, zogen ihn an und gaben ihm etwas zu essen und verachteten ihn innerlich.

Dort draußen auf dem Eis war das Triumphlied verstummt. Die Leute weinten um ihren Bruder, der sie verlassen hatte.

Doch plötzlich blieb den spottenden Soldaten am Feuer das Lachen im Halse stecken. Ihr Hauptmann erhob sich, warf seine Kleider ab und schritt bleich, aber entschlossen aufs Eis. Die Christen hießen ihn freudig willkommen, und bald erschallte wieder ihr Lied, wenn auch die Stimmen schwächer wurden:

»Vierzig Getreue kämpfen für dich, o Christus,
erringen für dich den Sieg,
gewinnen für dich die Krone.«

Schlüsselvers

»Deine Nähe erfüllt mich mit Freude; aus deiner Hand kommt ewiges Glück« (Psalm 16,11).

Gebet

Herr, mich freuen, wenn ich leiden muß? Das kann ich nicht von mir aus. Hilf mir, dich auch dann zu lieben, wenn es mir nicht gutgeht. Bewahre mich vor Murren und Selbstmitleid! Ich will Jesus in guten und in schlechten Zeiten nachfolgen!

Zum Nachdenken

Kann man Gott nur dann danken, wenn es einem rundherum gutgeht?
Sich »allezeit in dem Herrn freuen«, wie geht das?

Der Geist bringt Frieden hervor
Bibeltext: Johannes 14,27

22. Die beste Arbeit

In der Pause nach der Zeichenstunde gab es auf dem Schulhof aufgeregte Diskussionen. Der Zeichenlehrer hatte den Schülern mitgeteilt, daß sie bis zum Ende des Schuljahres ein Bild malen müßten, das über ihre Zeugnisnote bestimmen sollte. Verschiedene Theman hatte er ihnen zur Auswahl gestellt, darunter auch das Thema »Frieden«.

»Na, das kann man doch ganz verschieden darstellen«, meinte eine Schülerin. »Eine schöne Landschaft ... Morgenstimmung ... oder ein Sonnenuntergang ...«

»Hach, wie originell!« spottete ein Kollege. »Nein, eine nächtliche Flußlandschaft, so etwas könnte ich mir vorstellen. Aber wie malt man das?«

»Ein alter Bauer, der zufrieden über ein reifes Kornfeld blickt, das wäre ein Motiv. Sein Gesicht, darauf käme alles an – aber das kriege ich nicht hin. Nein, das geht nicht.«

»Wie wär's mit einem Tier? Eine Katze, die sich im warmen Sonnenschein zusammengerollt hat. Nur müßte man ihr Schnurren malen können.«

»Also, ich bin für was Abstraktes – nur Farben und Formen. Damit läßt sich ›Frieden‹ auch gut darstellen.«

»Leute, das ist mir alles zu schwierig. Ich glaube, ich suche mir lieber ein anderes Thema heraus.«

Am Ende des Schuljahres sortierte der Zeichenlehrer die Abschlußarbeiten nach Themen. Eine ganze Reihe von Schülern hatten sich für das Thema »Frieden« entschieden, doch die Ergebnisse waren ziemlich enttäuschend. Die steife Gestalt, die da im Bikini am Strand lag, sah aus, als seien ihre Gelenke eingerostet. Der Sonnenuntergang war übertrieben – solche Farben gab es in der Natur doch überhaupt nicht!

Seufzend wandte sich der Lehrer dem nächsten Bild zu. Was

war denn das? Hatte er ein Bild falsch eingeordnet? Was hatte denn das sturmgepeitschte, aufgewühlte Meer mit dem Thema »Frieden« zu tun?

Er sah noch einmal genauer hin, und dann begriff er, was die junge Künstlerin hatte ausdrücken wollen.

Sie hatte einen Sturm auf dem Meer gemalt. Dunkle Wolkenmassen türmten sich auf. Haushohe Wellenberge brachen schäumend über einem kleinen Schiff im Vordergrund zusammen. Hinten im Schiff drängten sich ein paar mit wenigen Pinselstrichen angedeutete Gestalten zusammen . . . ja, dieses Mädchen konnte malen! Die Haltung der Figuren drückte verzweifelte Angst aus, auch wenn ihre Gesichter nicht zu erkennen waren.

Doch vorne auf dem Schiff und ganz im Vordergrund des Gemäldes stand eine größere Figur, die genauer gemalt war: Ein Mann, der sich an eine Wand des Ruderhauses preßte und dort etwas vor dem Sturm geschützt war. Er blickte zu einem Kind hinunter, das er fest an sich gedrückt hielt. Und in dem Gesicht des Kindes, das zu seinem Vater emporblickte, war weder Furcht noch Verzweiflung zu lesen. Mochte der Sturm auch toben, es fühlte sich in den Armen seines Vaters geborgen.

Der Friede, den Jesus uns geben will, kann uns auch dann erfüllen, wenn der Sturm tobt, wenn es uns nicht gutgeht und wir meinen, die Schwierigkeiten in der Schule, in unserer Familie, mit unseren Freunden . . . seien unüberwindlich. Wir können aber wissen, daß Gott größer und stärker ist als all unsere Probleme. Und daß er alles, was er uns zustoßen läßt, letztlich zu unserem Besten dienen lassen will.

Schlüsselvers
Kurz vor seinem Tod sagte Jesus seinen Jüngern: »Zum Abschied gebe ich euch den Frieden, meinen Frieden, nicht den Frieden, den die Welt gibt. Erschreckt nicht, habt keine Angst!« (Johannes 14,27)

Gebet
Gib uns diesen Frieden, Herr Jesus, denn nur dann können wir unsere Angst und Verzweiflung überwinden!

Zum Nachdenken
Wie eine junge Pflanze für ein gesundes Wachstum Sonne und Regen, Nährstoffe und Halt benötigt, so brauchst auch du »geistliche Nahrung«, um in deinem Le-

ben als Christ Fortschritte zu machen. Achte vor allem auf folgendes, wenn du im Glauben weiterkommen willst:

* *Gottes Stimme* – Gott spricht auf verschiedene Weise zu uns. Vor allen Dingen aber hören wir seine Stimme, wenn wir die Bibel lesen und darüber nachdenken.
* *Gebet* – Gebet ist keine lästige Pflicht und auch kein Wunschzettel, den wir Gott ständig vorhalten. Beten soll unsere Lebensweise sein: Den ganzen Tag über können wir wissen, daß Gott bei uns ist. Über alles können wir mit ihm reden, er ist überall und jederzeit zu sprechen.
* *Gott dienen* – Überlege dir einmal, wie du Gott am besten dienen kannst mit den Gaben und Fähigkeiten, die er dir geschenkt hat. Es gibt nur einen einzigen Menschen wie dich auf der Welt: dich selbst. Und deshalb kann auch nur einer Gott so dienen wie du.
* *Andere Christen* – Du brauchst die Hilfe und Unterstützung anderer Christen in einer Gemeinde, der Sonntagschule, dem Teenagerclub usw. Dort kannst du auch anderen helfen.
* *Ein reines Herz* – Wenn du sündigst, bitte Gott sofort um Vergebung und bringe die Sache in Ordnung. So behältst du ein reines Gewissen.
* *Dein Gottvertrauen* ist nicht von Anfang an vollkommen, es muß wachsen. Wenn du in Schwierigkeiten steckst, erinnere dich an Gottes unbegrenzte Macht und seine Liebe, statt wie gebannt auf dein Problem zu starren!

VII. Geistliches Wachstum
a) In der Beziehung zu Gott

Wachstum im Leben des Christen – Gottes Reden durch die Bibel
Bibeltext: Psalm 11

23. Das Buch im Nachttisch

Mosche war ein französischer Jude. Von Kindheit an war er jeden Sabbat in die Synagoge, die jüdische Gemeinde, mitgenommen worden und hatte zugehört, wie aus dem Alten Testament vorgelesen wurde. Sein Vater war ein wohlhabender Geschäftsmann und sehr fromm. Wie alle orthodoxen Juden wartete er auf das Kommen des versprochenen Messias. Nie hatte er von Jesus gelesen, der all das erfüllte, was im Alten Testament über den kommenden Erlöser vorausgesagt wird.

Mosche liebte und ehrte seinen Vater und wollte eines Tages sein Geschäftspartner werden. Sie sprachen viel miteinander, und so kamen sie auch auf das Thema Religion zu sprechen. Mosche erzählte seinem Vater von einem Klassenkameraden, den er besonders bewunderte.

»Er ist der freundlichste und netteste Junge, den ich kenne«, sagte Mosche. »Aber er liest das Neue Testament und spricht oft davon. Warum ist es eigentlich so schlimm, Papa, das Neue Testament zu lesen?«

Sein Vater antwortete sehr erregt: »Junge, laß die Finger von diesem Buch, denn es enthält nichts als Lügen. Es behauptet, unser Messias sei schon gekommen, aber unser Volk habe ihn nicht erkannt und ihn deshalb gekreuzigt. Mosche, du mußt mir versprechen, daß du niemals dieses Buch lesen wirst!«

Mosche dachte nach. Dieses geheimnisvolle Buch machte ihn neugierig. »Niemals ist eine lange Zeit, Papa«, antwortete er.

»Aber ich verspreche dir, daß ich dieses Buch nicht öffnen werde, bevor ich einundzwanzig Jahre bin. Dann, meine ich, bin ich alt genug, um mir selbst ein Urteil zu bilden.« Und damit mußte sich sein Vater zufriedengeben.

Die Jahre vergingen. Mosche war inzwischen 20 Jahre alt, arbeitete treu und zuverlässig in der Firma seines Vaters und sollte bald Teilhaber werden. Es war ein ganz besonderer Tag für ihn, als sein Vater ihn als Vertreter der Firma nach England schickte, um dort ein wichtiges Geschäft abzuschließen. Obgleich er neben drei weiteren Fremdsprachen fließend Englisch sprach, war er bisher noch nie in England gewesen, und er freute sich besonders darauf, London kennenzulernen. Wenn das Geschäftliche geregelt war, wollte er noch ein paar Tage länger bleiben, um sich die Sehenswürdigkeiten der Stadt anzuschauen. Er buchte ein Zimmer in einem komfortablen Hotel. Dort saß er am ersten Abend und las noch einmal seine Unterlagen, um sich auf die Verhandlungen am nächsten Tag vorzubereiten.

Nun gibt es eine christliche Vereinigung, die in Krankenhäusern, Hotels, Schulen und anderen Einrichtungen Bibeln oder Neue Testamente verteilt: Die Gideons. Wie staunte Mosche, als er seine Nachttischschublade öffnete und darin ein Neues Testament vorfand! Schnell schloß er die Schublade wieder und versuchte, das Buch zu vergessen. Aber irgendwie konnte er sich nicht mehr richtig auf seine Geschäftsunterlagen konzentrieren. Was mochte dieses verbotene Buch wohl so gefährlich und geheimnisvoll machen? Wie gern hätte er es wieder aus dem Nachttisch herausgeholt und geöffnet! Doch es dauerte noch einige Monate, bis er 21 würde, und so lange war er an sein Versprechen gebunden. Während seiner Geschäftsverhandlungen und der anschließenden Besichtigungstour durch London verfolgte ihn allerdings die Frage: Warum haßt und fürchtet mein Vater dieses Buch eigentlich so sehr? Was ist daran so gefährlich und verführerisch?

Am letzten Abend seines Londonbesuches hielt er es nicht länger aus. »Mein Vater hat kein Recht gehabt, mir dieses Versprechen abzunehmen«, sagte er sich. »Mit zwanzig bin ich schließlich ein Mann. Ich will nur das erste Kapitel lesen und dann schlafen gehen.«

Mit zitternden Fingern schlug er das Neue Testament auf und begann das erste Kapitel des Matthäusevangeliums zu lesen. Aber wie überrascht und enttäuscht war er: Das war ja nichts als ein Stammbaum, eine Liste von alttestamentlichen Namen, die er schon kannte! Gefährlich? Geheimnisvoll? Wieso denn eigentlich? Mutig las er weiter. Es folgte ein kurzer Bericht von Ereignissen kurz vor der Geburt Christi. Bei Vers 21 blieb Mosche plötzlich hängen. »Sie wird einen Sohn gebären, dessen Namen sollst du Jesus heißen, denn er wird sein Volk retten von ihren Sünden.«

Immer wieder las Mosche diesen Vers. »Von ihren Sünden retten«? Das hatte er noch nie gehört. Konnte ein Mensch seine Schuld loswerden? Mosche nahm seine jüdische Religion ernst. Er wollte von ganzem Herzen das Gute tun und Gottes Gesetz halten; aber er wußte, daß er es seit seiner Kindheit immer wieder übertreten hatte und auch in Zukunft wohl immer wieder brechen würde. Sollte es wirklich einen geben, der ihn von aller Schuld befreien konnte? Der ihm seine Schuldgefühle nehmen und ihm helfen konnte, so zu werden, wie er gern sein wollte? Wenn das stimmte, dann hatte er die Antwort auf die wichtigste Frage in seinem Leben gefunden.

Er schlug das Buch zu, denn er wollte sein Versprechen nicht noch weiter brechen. Aber schlafen konnte er nicht. Er mußte unbedingt mehr darüber wissen. Am nächsten Morgen reiste er heim. Seine Geschäfte hatte er erfolgreich abgeschlossen, doch irgendwie konnte er sich nicht so sehr über das stolze Lob seines Vaters freuen, wie er es erwartet hatte. Erst später, als die Feier aus Anlaß seiner Heimkehr vorüber war, platzte Mosche heraus: »Vater, ich habe mein Versprechen gebrochen und in dem verbotenen Buch gelesen.«

Jetzt begann für Mosche eine schwierige Zeit. Sein Vater sagte ihm klipp und klar: »Du mußt dich entscheiden. Wenn du Christ wirst, kannst du nicht mehr in der Firma bleiben oder gar mein Teilhaber werden.«

Mosche wartete, bis er 21 Jahre alt war, dann begann er mit gutem Gewissen stundenlang im Neuen Testament zu lesen. Durch dieses Buch sprach Gott zu ihm, und er erkannte, daß Jesus Christus der Messias war, der im Alten Testament versprochene Retter, der Sohn Gottes, der auch sein Erlöser war und dem er alles verdankte. Mosche ging von zu Hause weg und begann, die Gute Nachricht seinem eigenen Volk, den Juden, zu verkünden.

Ich weiß nicht, wie die Geschichte weitergegangen ist. Ich weiß auch nicht, ob Mosche je wieder in seine Familie aufgenommen worden ist. Als ich ihn kennenlernte, litt er unter Einsamkeit und Ablehnung, doch tief in seinem Herzen war er dennoch ein glücklicher Mann. Denn durch das Buch im Nachttisch, das Neue Testament, hatte er die Antwort auf die wichtigsten Fragen gefunden: Jesus Christus.

Schlüsselvers

»Dein Wort ist eine Leuchte für mein Leben, es gibt mir Licht für jeden nächsten Schritt« (Psalm 119,105).

Gebet

Herr, öffne mir die Augen für die Wunder, die dein Gesetz (die Bibel) in sich verborgen hält! (Psalm 119,18)

Zum Nachdenken

Wer die Bibel sorgfältig liest und bereit ist, ihr zu gehorchen und aus ihr zu lernen, der wird darin ganz gewiß Gottes Stimme hören. Die Bibel zeigt, wie Gott ist und wie er handelt. Das kann dir helfen, dich ihm in deinem täglichen Leben anzuvertrauen und mit ihm zu leben.

Gebet – Gott verstehen (und mißverstehen) – Mit reinem Herzen beten
Bibeltext: Psalm 66,18

24. Die weißen Vögel

Ein Mann hatte einmal einen merkwürdigen Traum.

Ein Engel forderte ihn auf, ihm zu folgen. Sie kamen in eine Kirche, wo fünf Menschen knieten und beteten. Vor jedem saß ein weißer Vogel mit angelegten Flügeln.

»Beobachte diese Leute, während sie beten«, sagte der Engel, »und achte darauf, was mit den weißen Vögeln geschieht.«

Ganz vorne in der Kirche kniete eine elegant gekleidete Dame. Sie blickte beim Beten nach oben, und die Worte flossen ihr leicht von den Lippen. Ihr weißer Vogel war der größte und schönste und weißeste von allen; doch obwohl sie unablässig betete, rührte er sich nicht.

»Streck deine Hand aus und berühre ihn!« forderte der Engel den Träumenden auf.

Der berührte sanft die herrlichen weißen Federn, zog aber hastig seine Hand zurück. »Ich glaube, er ist tot«, sagte er.

»Ja«, bestätigte der Engel traurig, »er ist wirklich tot. Diese Frau geht seit ihrer Kindheit zur Kirche. Sie zieht ihre besten Kleider an und kennt die schönsten Gebete auswendig. Sie spricht wunderbare Worte, aber sie meint sie nicht wirklich, und sobald sie die Kirche verlassen hat, hat sie sie schon vergessen. Sie merkt nicht einmal, was sie betet. Da, sieh doch! Sie blickt zu ihrer Nachbarin in der nächsten Bank hinüber und fragt sich, wieviel wohl deren Hut gekostet haben mag!«

Der Träumende wandte sich nun der zweiten knienden Gestalt zu.

Dieser Mann betete offenbar richtig. Der herrliche Vogel vor ihm breitete seine Flügel aus und schwang sich in die Luft. Als der Träumende ihm mit den Augen folgte, merkte er, daß die Kirche kein Dach hatte. Und so stieg der Vogel direkt in den blauen Himmel auf.

Plötzlich aber veränderte sich das Gesicht des Beters. Die Andacht wich einem harten, bitteren Ausdruck. Der Mann preßte die Lippen zusammen und knurrte leise vor sich hin. Da zuckte der herrliche Vogel mitten im Flug zusammen, als sei er von einem Pfeil getroffen worden, und lag im nächsten Augenblick tot auf dem Kirchenboden. Der Träumende wandte sich fragend an den Engel.

»Dieser Mann begann mit einem aufrichtigen Gebet«, erklärte der Engel, »doch während er betete, fiel ihm jemand ein, der ihm Unrecht getan hatte. Da übermannte ihn der Zorn, und alle Liebe wich aus seinem Herzen. Er ist nicht bereit, zu vergeben und zu vergessen. Da, sieh doch, er eilt mit Rachegedanken hinaus. So hat sein Gebet den Vater nicht erreicht.«

Der Träumende wandte seine Aufmerksamkeit der dritten Person zu. Es war eine Frau, die mit gefalteten Händen und verweinten Augen in ihrer Bank kniete. Während sie betete, stieg der schöne weiße Vogel vor ihr auf und sank wieder herab. Dann nahm er all seine Kräfte zusammen und versuchte es noch einmal. Doch als er fast die Höhe der Kirchenmauern erreicht hatte, begann er zu fallen. Aber bevor er auf den Boden aufschlug, kämpfte er sich mit kräftigen Flügelschlägen wieder empor, bis er schließlich den klaren, blauen Himmel erreichte, alle Federn spreizte und im Sonnenschein verschwand.

Der Engel, der ihn gespannt beobachtet hatte, stieß einen erleichterten Seufzer aus.

»Diese Frau hat viel Leid durchgemacht«, sagte er. »Sie konnte nicht mehr glauben, daß Gott sie liebt und sich um sie kümmert. Sie ist lange nicht mehr hier gewesen. Heute aber ist sie noch einmal gekommen und hat zu beten versucht. Noch während sie betete, kamen ihre Zweifel zurück. Sie konnte nicht glauben. Fast wollte sie aufgeben. Doch sie erzählte dem Herrn von ihren Zweifeln, rief sich in Erinnerung, was Gott versprochen hat, und so wurde ihr Glaube gestärkt. Ihr Gebet hat den Vater erreicht, und er ist ihr ganz nahegekommen, um sie zu trösten. Da, sieh! Sie lächelt!«

Die vierte kniende Person sah aus wie ein Landstreicher. Vor ihm hockte ein schwaches, unscheinbares Vögelchen, das bestimmt nicht einmal fliegen konnte. Sprach der Mann überhaupt? Nein, er saß einfach da und sah ganz verzweifelt aus. Doch plötzlich flatterte der Vogel mit seinen schmutziggrauen Flügeln, und im nächsten Augenblick flog er kraftvoll, fast senkrecht nach oben. Als er draußen im Sonnenschein ankam, glänzten seine Flügel auf einmal schneeweiß, und der Engel lachte vor Freude.

»Dieser Mann hat keine Ahnung, wie man betet«, erklärte er. »Er hat noch nie in seinem Leben gebetet und weiß nicht, wie er sich ausdrücken soll. Doch seine Sünde bedrückt ihn, und sein Gewissen klagt ihn an, weil er nie nach Gott gefragt hat. Seine Gedanken schreien um Gnade und Vergebung. Und so freuen sich jetzt, in diesem Augenblick, alle Engel Gottes im Himmel, weil wieder einmal ein Sünder den Weg nach Hause gefunden hat.«

Schließlich kniete noch ein kleiner Junge in der Kirche. Vor ihm saß ein kleiner, makelloser Vogel. Der Junge faltete die Hände und sagte Gott alles, was ihm gerade wichtig war. Es täte ihm leid, daß er seine Schwester geschlagen hätte. Und Gott solle doch bitte seine Mutter gesund machen und ihm bitte bei den Rechenaufgaben helfen. Dann dankte er Gott für den Fußball, den er zum Geburtstag bekommen hatte, und der Vogel flog mit einem fröhlichen Lied nach oben. Im nächsten Augenblick sprang der Junge auf und rannte nach draußen, um mit seinem Ball zu spielen. Und während er an dem Engel vorbeihüpfte, lachte er ihm ins Gesicht.

Es gibt so viele Arten zu beten, wie es Menschen gibt, die beten. Es kommt nicht darauf an, wie oder wo man betet. Wichtig ist auch nicht die Haltung, ob man beim Beten kniet oder steht oder spazierengeht. Worauf es Gott ankommt, ist unsere innere Haltung beim Beten.

Schlüsselvers
»Hätte ich Böses im Sinn gehabt, so hätte der Herr nicht gehört« (Psalm 66,18)

Gebet (von David)
Nimm meine Worte freundlich auf! Laß mein Gebet zu dir dringen, Herr, mein Halt und mein Retter! (Psalm 19,15)

Zum Nachdenken

Wenn du weißt, daß du wohl tief in deinem Inneren nicht mit Gott im reinen bist, wie verhältst du dich dann gewöhnlich?

Ich fühle mich schuldig und bin verzweifelt.

Ich versuche, mich abzulenken und es zu vergessen.

Ich hoffe, es beim nächsten Mal besser zu machen.

Ich rede mir ein, daß es Gott und mir gleichgültig ist.

Ich weiche Gott aus.

Ich rede ehrlich mit Gott darüber. Ich sage ihm, wie ich mich fühle, und bitte ihn, mir zu vergeben und mir einen neuen Anfang zu ermöglichen.

Welche dieser Haltungen ist die richtige? Warum sind die anderen falsch?

Beten im Namen Jesu
Bibeltext: Johannes 16,23–27

25. Aischas Brief

Die alte Aischa wohnte in einem Dorf hoch oben in den Bergen. Ihr ganzes Leben hatte sie hier zugebracht. Abgesehen von wenigen Reisen zum Markt in der Stadt kannte Aischa nur die Welt ihres Bergdorfes. Hier mahlte sie tagtäglich Korn und holte am Brunnen Wasser, hier hatte sie ihre Kinder geboren und großgezogen. Aber nun war ihr Mann gestorben, und die Kinder hatten geheiratet und waren in andere Dörfer gezogen. So blieb die alte Aischa allein.

Sie hatte Angst vor der Zukunft, denn ihre Augen wurden immer schlechter, und alles deutete darauf hin, daß sie bald erblinden würde. Was sollte dann aus ihr werden? Ihre Töchter liebten sie, aber die Schwiegersöhne wollten sie nicht in ihren Häusern haben. Außerdem wollte sie nicht aus ihrem eigenen kleinen Heim fort. Gab es denn keine Möglichkeit, etwas für ihr Augenlicht zu tun? Als ihre Nachbarin an diesem Abend vom Markt heimkehrte, schüttete Aischa ihr das Herz aus.

Welch ein Glück: Die Nachbarin hatte eine gute Nachricht für sie! In der kleinen Marktstadt arbeitete eine Krankenschwester, die einer christlichen Missionsgesellschaft angehörte und gute Medizin hatte. Viele gingen zu ihr hin, erzählte die Nachbarin, und wurden von Husten und Ausschlag und wunden Augen geheilt. Sie brauchten nichts zu bezahlen. Die Nachbarin schlug Aischa vor, sie könne am nächsten Markttag mit ihr in die Stadt kommen und auf ihrem Maultier reiten. Getröstet ging Aischa nach Hause. So gab es also doch noch Hoffnung für sie!

Eine Woche später saß Aischa in der kleinen Missionsapotheke, schaute sich neugierig um und wartete, bis sie an der Reihe war. Endlich begrüßte die Schwester sie freundlich, untersuchte ihre Augen und sagte ihr dann, sie solle sich noch etwas gedulden. Als alle andern Patienten gegangen waren, kam die

Missionarin zu ihr und sprach sie in ihrer Muttersprache an. Aischa konnte es kaum fassen.

»Ich kann nichts für Ihre Augen tun«, sagte die Schwester. »Sie müssen operiert werden. Aber ich habe einen Bruder in der großen Stadt an der Küste, der Augenarzt ist. Ich bin sicher, daß er Ihnen helfen kann.«

»Aber wie komme ich zu ihm?«

»Mit dem Bus.«

»Aber ich bin noch nie mit einem von diesen großen Überlandbussen gefahren, und Geld habe ich auch nicht.«

»Vielleicht könnten Ihre Kinder Ihnen helfen?«

»Selbst wenn sie das täten, was sollte ich machen, wenn ich in der Stadt angekommen wäre? Ich war noch nie dort und würde mich bestimmt verlaufen.«

»Sie müssen einfach nach dem Weg zum Krankenhaus fragen. Das kennen dort alle.«

»Aber selbst wenn ich dort hinkäme, würde mich der Arzt vielleicht nicht einlassen. Ich bin nur eine arme alte Frau, und er wird meine Sprache nicht verstehen.«

»Er behandelt jeden Tag arme alte Frauen, und er spricht Ihre Sprache. Außerdem gebe ich Ihnen einen Brief mit, in dem ich meinem Bruder mitteile, daß Sie eine weite Reise hinter sich haben.«

Die Idee mit dem Brief beruhigte Aischa. Sie ging in ihr Dorf zurück und benachrichtigte ihre Kinder. Eines Tages erschien sie dann wieder in der Missionsapotheke. Ihr Schwiegersohn begleitete sie, um ihr eine Fahrkarte zu kaufen und sie in den Bus zu setzen. Und in der Stadt am Meer, so erzählte sie der Missionarin, würde ein entfernter Verwandter sie vom Bus abholen. Bei ihm konnte sie auch wohnen. Zuerst aber wollte sie unbedingt diesen Brief haben. Der würde ihr bestimmt helfen!

Es verging einige Zeit, bis die Missionarin Aischa wiedersah. Sie erkannte sie kaum wieder, denn sie trug jetzt eine Brille und hatte einen sicheren Gang: Sie konnte wieder richtig sehen.

Wieder kam sie mitten während der Sprechstundenzeit an, und wieder mußte sie warten, bis alle anderen gegangen waren, denn sie hatte eine Geschichte zu erzählen. Also nahm die Missionarin sie mit nach oben, und bei einem Glas Pfefferminztee berichtete

Aischa, was sie erlebt hatte. Die Schwester lächelte und konnte sich die ganze Szene gut vorstellen: Die überfüllte und von Patienten belagerte Ambulanz, den geplagten Arzt und die energische alte Frau.

»Ich bin frühmorgens losgezogen, wie Sie es mir geraten hatten«, begann Aischa. »Aber es kam, wie ich es Ihnen gesagt habe: Ich verirrte mich. Der Verwandte, bei dem ich wohnte, gab mir Geld für den Bus; aber ich stieg in den falschen ein. Es war schon um die Zeit des zweiten Gebetsrufs, als ich endlich ankam. Die Tür war verschlossen, und es standen viele Menschen draußen, die wie ich zu spät gekommen waren. Sie klopften an die verschlossene Tür, bis ein Mann herauskam und uns sagte, das Wartezimmer sei voll. Wir sollten alle fortgehen und am Nachmittag oder am nächsten Tag wiederkommen. Jetzt würde keiner mehr eingelassen. Die Leute diskutierten mit ihm, manche beschimpften ihn, aber es nutzte alles nichts. Die Tür blieb verschlossen.

Aber dann hielt ich meinen Brief hoch und rief so laut ich konnte: ›Warte! Ich komme im Namen seiner Schwester! Ich komme im Namen seiner Schwester!‹«

Der Mann warf einen Blick auf den Brief. Dann zögerte er. Der Brief schien echt zu sein. Wer weiß, vielleicht war die Angelegenheit ja dringend. So ließ er die Frau herein und führte sie unverzüglich ins Behandlungszimmer. Der Arzt erkannte sofort die Handschrift, las den Brief und warf einen Blick auf ihre Augen. Das war ein klarer Fall, und er teilte Aischa mit, daß er sie sofort in seine Klinik aufnähme. Für ihn war das eine ganz normale Angelegenheit, für die alte Frau dagegen ein wahres Wunder.

»Der Mann, der die Tür hütete, hat mich hineingelassen!« fuhr sie mit leuchtenden Augen fort. »Mich allein! All die anderen mußten weggehen. Viele standen da und warteten, mich aber führte der Mann durch die Menge direkt zum Arzt. Da sagte ich wieder: ›Ich komme im Namen Ihrer Schwester.‹ Viele warteten, aber er ließ sie warten, nahm den Brief und las ihn sofort. Dann wandte er sich zu mir, alt und arm, wie ich bin, und er gab mir all das, worum Sie ihn gebeten hatten: Ein Bett, eine Operation ... und jetzt kann ich sehen.«

Sie hielt einen Augenblick nachdenklich inne. Dann sagte sie leise und immer noch staunend: »Wie wichtig muß ihm Ihr Name sein! Wie wertvoll! Er hat alles für mich getan, worum Sie ihn gebeten haben. Wie wertvoll ist Ihr Name!«

»Im Namen Jesu« ist keine Zauberformel, die wir am Ende eines Gebetes sprechen und die dann dafür sorgt, daß unser Gebet erhört wird. Wie wir gesehen haben, sind wir durch das Leben, den Tod und die Auferstehung Jesu wieder in Verbindung mit Gott gekommen. Weil Jesus uns erlöst hat, kann Gott uns wieder annehmen, und wir können im Gebet zu ihm kommen. Indem wir »im Namen Jesu« beten, bekennen wir also Gott und erinnern uns selbst, daß wir überhaupt nur im Gebet zu ihm kommen können, weil Jesus für uns gestorben und auferstanden ist.
Und noch eines bedeutet »im Namen Jesu beten«: So wie die Missionarin in ihrem Brief um bestimmte Dinge für Aischa bat und diesen Brief dann selbst unterschrieb, so können wir um alles bitten, was der Herr Jesus gut und richtig für uns findet, und dann werden wir es auch erhalten. Dazu gehört alles, was er uns in der Bibel versprochen hat.

Schlüsselverse
»Jesus aber lebt für immer, und sein Priestertum ist unvergänglich. Darum kann er endgültig alle retten, die durch ihn zu Gott kommen. Er lebt für immer, um bei Gott für sie einzutreten« (Hebräer 7,24.25).
(Jesus sagt:) »Ich versichere euch: der Vater wird euch alles geben, worum ihr bittet, wenn ihr euch dabei auf mich beruft« (Johannes 16,23).

Für andere beten
Bibeltexte: Philipper 4,6.7; Kolosser 4,2

26. Die Rettung

Als Marc an diesem Samstagmorgen erwachte, wußte er: Jetzt war der Sommer wirklich gekommen. Es war noch sehr früh, aber die Sonne strahlte schon warm herab, und die Vögel sangen laut. Marc sprang aus dem Bett und rannte ans Fenster. Ja, die Welt sah genauso aus, wie er es erwartet hatte. Die Felder glänzten silbrig, und in den Weiden am Flußufer hingen die letzten Nebelschwaden.

Marc durfte keine Zeit verlieren. Er schlüpfte in seine Kleider und schlich auf Zehenspitzen die Treppe hinunter. Er warf seinem kleinen Hund einen auffordernden Blick zu. Der ließ sich das nicht zweimal sagen, sprang aus dem Korb und folgte ihm. Wie gut, daß Samstag war und Marc nicht zur Schule mußte! Die übrigen Familienmitglieder schliefen samstags lange, so blieb ihm viel Zeit bis zum Frühstück.

Bei der Gartenpforte blieb er unschlüssig stehen. Was wollte er unternehmen? Es gab so viele interessante Plätze, die er aufsuchen konnte. Sollte er den Weg in die Hügel hinter dem Haus einschlagen und die Wildesel auf Trab bringen oder nach Lerchennestern suchen? Oder sollte er sich nach links wenden und im Wäldchen nachsehen, ob die Jungen der Heckenbraunelle schon flügge waren? Am Ende beschloß er, der Straße ins Tal zu folgen und dann am Flußufer entlangzustreifen, um nach dem Froschlaich zu sehen. Wahrscheinlich würden jetzt überall die kleinen Frösche herumspringen.

Die Haselnußsträucher am Ufer bildeten einen richtigen Tunnel, und es machte Marc großen Spaß, die Uferböschung unter diesem Tunnel zu erkunden. Er bahnte sich einen Weg durch Gras und Schilf, während sein kleiner Hund etwas höher die Böschung entlangtollte. Marc war fast am Froschtümpel angekommen, da blieb er plötzlich stehen. Da lag doch etwas Großes im

Wasser – eine hellbraune Kuh! Offensichtlich war sie ausgeglitten und hatte sich dabei schlimm verletzt, dann sie lag ganz still da. Ihr Kopf ragte gerade noch zur Hälfte aus dem Wasser, und ihre Nüstern waren nur wenige Zentimeter über der Wasseroberfläche. Sie atmete mühsam, und als der Junge auf sie hinunterstarrte, gab sie ein schwaches Muhen von sich.

›Jedenfalls lebt sie noch‹, dachte Marc. ›Ich muß sie irgendwie aus dem Wasser rauskriegen! Wenn sie noch etwas tiefer sinkt und mit dem Kopf unter Wasser gerät, ertrinkt sie.‹

Marc zog seine Sandalen aus, krempelte die Hosenbeine hoch und stieg in den Fluß. Vielleicht konnte er die Kuh hochheben! Doch sie war viel zu schwer. Er schaffte es nur, ihren Kopf etwas anzuheben und einen großen Stein darunterzuschieben. Das war schon alles. Der Kuh gefiel das gar nicht. Sie sah ihn mit angsterfüllten Augen an und versuchte schwach, sich aufzurichten.

›Es hat keinen Zweck‹, dachte Marc traurig. ›Ich tu ihr nur weh. Ich schaff es nicht, ihr zu helfen. Sie ist viel zu schwer. Und was wird Mama wohl zu meinen Kleidern sagen? Sie sind schmutzig und naß und alles für nichts!‹

Er stieg die Böschung hinauf und stand auf einer mit Butterblumen übersäten Wiese, wo andere Kühe friedlich grasten. In der Ferne sah er ein langgestrecktes Bauernhaus liegen, das von Scheunen eingerahmt war. Aus einem Schornstein stieg Rauch empor. »Wie dumm von mir, daß ich so viel Zeit verschwendet habe!« sagte Marc zu sich selbst. »Ich hätte wirklich wissen können, daß mir die Kuh zu schwer ist. Aber der Bauer, der wird schon helfen können!«

Der Bauer saß mit seiner Frau gerade bei einem ausgiebigen Frühstück mit Speck und Spiegeleiern, da hörte er ein wildes Klopfen an der Hintertür. Als er öffnete, sah er sich einem durchnäßten, schmutzigen, aufgeregten Jungen gegenüber, der von einem Bein auf das andere hüpfte. Hinter ihm kläffte ein kleiner Hund.

»Es ist wegen der Kuh!« keuchte Marc, noch außer Atem vom schnellen Laufen. »Sie liegt fast ganz im Fluß, und ihr Kopf ist beinahe unter Wasser . . . Kommen Sie schnell! Ich hab's versucht, aber sie ist mir viel zu schwer.«

Der Bauer nahm noch einen Schluck Tee aus seiner Tasse und

sagte seiner Frau: »Ruf Jim! Ich hole inzwischen ein Seil aus der Scheune. Und dann zeig uns den Weg, Junge!«

Bald darauf standen sie an der Uferböschung und sahen zu dem armen Geschöpf hinunter. »Am besten ziehen wir sie auf die Weide herauf und schauen sie uns da näher an«, sagte der Bauer. »Binde du ihr das Seil um die Vorderbeine, Jim, ich kümmere mich dann um die Hinterbeine!«

»Kann ich auch helfen?« fragte Marc.

Der Bauer blickte in sein hoffnungsvolles Gesicht und lächelte. »Warum nicht?« sagte er. »Da du sowieso schon naß bist, kannst du ins Wasser gehen und ihren Kopf festhalten.«

So stieg Marc in den Fluß, sprach beruhigend auf die verängstigte Kuh ein und hielt ihren Kopf, während die beiden starken Männer sie vorsichtig nach oben auf die sonnige Wiese zogen.

Als Marc an seine eigenen kläglichen Versuche dachte, mußte er unwillkürlich lachen. »Was habe ich mir da bloß eingebildet! Dabei war der Bauer die ganze Zeit in der Nähe. Wieso habe ich nicht daran gedacht, ihn sofort zu holen?«

Wenn wir Gott lieben, öffnet er uns die Augen für die Not unserer Mitmenschen. Oft kann es aber geschehen, daß wir einfach nicht wissen, was wir tun und wie wir helfen sollen. Eines aber können wir immer machen: Wir können für solche Leute beten und Gott bitten, ihnen zu helfen. Er hat sie erschaffen, er liebt sie und weiß genau, was sie brauchen.

Schlüsselvers
»Macht euch keine Sorgen, sondern wendet euch in jeder Lage an Gott und bringt eure Bitten vor ihn. Tut es mit Dank für das Gute, das er euch schon erwiesen hat« (Philipper 4,6).

Gebet
Vater im Himmel, ich möchte für meine Familie und meine Freunde beten, vor allem für

. . . .

. . . .

die deine Hilfe besonders nötig haben. Kümmere dich ganz besonders um sie, lieber Vater im Himmel; segne sie und laß sie merken, daß du sie liebst. Und zeige mir, ob ich ihnen irgendwie helfen kann.

Zum Nachdenken
Vielleicht meinst du manchmal, mit Beten allein könntest du keinem anderen Menschen helfen. Doch dein Gebet bewirkt etwas im Leben anderer Menschen.

Gott liebt diese Menschen und kümmert sich noch mehr um sie als du. Denkst du daran, wenn du für sie betest? Und erwartest du, daß Gott ihnen hilft? Manchmal kommt es vor, daß Gott gerade durch *dich* dem Menschen helfen will, für den du betest.

Ausdauerndes Beten
Bibeltext: Epheser 6,11–18

27. Warum stürzte die Mauer ein?

Lilias Trotter wuchs vor vielen Jahren in einer großen Familie und einem wunderschönen Haus auf. Als sie ein Teenager war, wurde entdeckt, daß sie eine ungewöhnliche künstlerische Begabung hatte. Sie machte mit ihrer Mutter Ferien in einem italienischen Hotel und ging dabei auch ihrer Lieblingsbeschäftigung nach: Sie fertigte von allem Schönen, was sie zu Gesicht bekam, viele Skizzen an. Nun wohnte im selben Hotel ein berühmter Kunstkritiker, John Ruskin. Lilias' Mutter sprach ihn an und bat ihn, sich doch einmal ihre Zeichnungen anzusehen. Er stimmte zu, allerdings ziemlich unwillig. Schließlich hatte er stets behauptet, keine Frau könne richtig malen. Doch als er dann Lilias' Zeichnungen sah, mußte er seine Meinung ändern.

Der berühmte John Ruskin wurde Lilias' Lehrer und Freund. Er war überzeugt, daß das junge Mädchen einmal eine der größten Künstlerinnen des Jahrhunderts werden würde. Deshalb konnte er nicht begreifen, daß die Kunst nicht Lilias' größte Liebe war, und war bitter enttäuscht, als sie als junge Frau ihre Malerkarriere aufgab. Sie wurde Missionarin und ging nach Algerien in Nordafrika, um dort unter moslemischen Frauen zu arbeiten.

Es war eine harte Arbeit. Lilias, die so sehr Schönheit liebte, lebte in den Elendsvierteln und dunklen Gassen einer großen Stadt. Glücklicherweise konnte sie auch Reisen unternehmen, und sie liebte die unendliche Weite der Sahara und malte viele Wüstenbilder. Über ihrem Bett hing eine Landkarte von Nordafrika, vor der sie stundenlang kniete und für all die vielen Städte und Dörfer Algeriens betete.

Wenn sie die Gute Nachricht verkündete, hörten ihr nur ganz wenige Menschen zu, und manchmal wurde sie mutlos und fragte sich: »Warum bete ich überhaupt noch? Was nützt das denn? Gott scheint mein Beten ja doch nicht zu erhören. Kaum jemand hat sich bis jetzt Jesus anvertraut.«

Eines Tages passierte aber etwas, was ihr Mut gab weiterzubeten, weil Gebete niemals nutzlos sind.

Sie wohnte in einem dichtbesiedelten Stadtbezirk, wo ein Haus ans andere gebaut war. An einem frühen Morgen, Lilias schlief noch, krachte plötzlich ohne die leiseste Vorwarnung die Zwischenwand zwischen ihrem und dem Nachbarhaus zusammen. Glücklicherweise wurde Lilias nicht verletzt, aber ihr Zimmer sah aus wie nach einem Bombenangriff, und sie starrte fassungslos in den schmalen Durchgang, der ihr Haus von der benachbarten Bäckerei trennte. Wie hatte das bloß passieren können? Die Wand hatte doch ganz stabil ausgesehen und keinen einzigen Riß aufgewiesen! Sie ließ einen Baumeister aus der Stadt kommen und gab ihm den Auftrag, die Mauer zu reparieren und, wenn möglich, herauszufinden, weshalb sie eingestürzt war.

Der Baumeister verstand sein Handwerk. Er besah sich den Schaden genau und ging dann nach draußen, um sich in der Umgebung etwas umzusehen. Ganz aufgeregt kehrte er zurück. »Ich habe die Ursache entdeckt!« sagte er. »Ich kann Ihnen ganz sicher sagen, weshalb die Wand eingestürzt ist.«

Er erklärte, unter der Bäckerei befinde sich ein Keller mit dem Backofen und einer Knetmaschine für den Brotteig. Jede Nacht habe der Bäcker diese Maschine in Gang gesetzt, und seit über zwanzig Jahren hätten sich die feinen Erschütterungen dieser Maschine auf die Mauer ihres Hauses übertragen, bis dann an diesem frühen Morgen die letzte kleine Erschütterung die Wand zum Einsturz gebracht hatte.

Die Mauer wurde wieder aufgebaut, und Lilias schaffte Ordnung in ihrer Wohnung. Dabei hatte sie Zeit, in Ruhe über das Unglück nachzudenken. Auf einmal hatte sie das Gefühl, daß Gott ihr dadurch etwas ganz Wichtiges klargemacht hatte.

Sie erkannte, daß ihre Gebete nicht umsonst gewesen waren. Die Stadt, in der sie arbeitete, glich einer Festung von Sünde und Leid. Eine solche Festung nimmt man nicht in einem einzigen Tag ein. Doch wie jede feine Erschütterung der Knetmaschine ihre Mauer geschwächt hatte, so schwächte jedes Gebet im Namen Jesu die Festung des Teufels in dieser Stadt. So beteten Lilias und andere täglich weiter, denn sie wußten, daß die Mauern eines Tages einstürzen würden, wenn Gottes Zeit gekommen war.

Das Neue Testament fordert uns auf, die Waffen anzulegen, die Gott uns gibt, und gegen die bösen Mächte anzukämpfen. Unsere stärkste Waffe ist das Gebet, denn durch das Gebet bleiben wir in Verbindung mit Gott und verlassen uns auf sein Wirken statt auf unsere eigene Kraft und unsere Leistungen.

Schlüsselverse
»Haltet das feste Vertrauen als den Schild vor euch, mit dem ihr die Brandpfeile des Satans abfangen könnt. Vergeßt dabei nicht das Gebet. Bittet Gott immerzu mit dem Beistand seines Geistes. Bleibt wach und hört nicht auf, für das ganze Volk Gottes zu beten!« (Epheser 6,16.18)

Gebet
Herr, oft bete ich lange für etwas, und doch scheint nichts zu passieren.
Hilf mir zu vertrauen, daß jedes Gebet in deinem Namen von Gott gehört wird und etwas bewirkt und daß schließlich Gottes Liebe und Güte über Haß und Sünde triumphieren.
Bewahre mich davor, mutlos zu werden und aufzugeben. Zeige mir, wofür ich beten soll, und dann mach du mich geduldig und ausdauernd im Gebet.

Zum Nachdenken
Warum erhört Gott wohl unsere Gebete nicht immer sofort?
Auch wenn wir es nicht jedesmal merken, beantwortet Gott tatsächlich *immer* unser Gebet. Allerdings nicht unbedingt so, wie wir es erwarten, oder dann, wenn wir es erwarten.
Auf manche unserer Gebete antwortet Gott mit ja.
Auf manche unserer Gebete antwortet Gott mit nein.
Auf manche unserer Gebete antwortet Gott mit warte.
Das sollen die nächsten Geschichten deutlich machen.

Erhörtes Gebet – wenn Gott »Ja« sagt
Bibeltext: 1. Könige 17,8–24

28. Der leere Korb

Wir begegneten Herrn Maltar an einem wunderschönen, unvergeßlichen Ort: dem Gartengrab, wo er seit Jahren das Amt des Wächters und Führers innehatte. Es ist ein einzelnes altes Grab, das in den Felsen gehauen ist, umgeben von einem stillen Garten. In der Höhle befindet sich eine Steinplatte, auf der einmal ein Leichnam gelegen haben muß. Und vor der Grabhöhle sieht man die Furche, die ein großer runder Felsblock gegraben haben muß, als man ihn einst vor den Eingang gerollt hat. Jetzt ist dieser Stein nicht mehr da, das Grab ist offen und leer. Wegen seines Aussehens und seiner Lage nehmen viele Leute an, daß dies das Grab Josephs von Arimathäa ist, das Grab, in das man Jesus legte.

Viele Touristen schauen es sich an, und Herr Maltar, der arabische Wächter, zeigte unzähligen Menschen den ruhigen, gepflegten Garten und erzählte ihnen vom Tod und der Auferstehung Jesu. Er lud uns zum Essen ein, und dabei fragten wir ihn, wie er und seine Frau zu diesem Beruf gekommen waren und wie lange sie das nun schon machten. Da erzählte er uns seine Geschichte.

Bis zum jüdischen Unabhängigkeitskrieg, als Jerusalem in einen jüdischen und arabischen Sektor geteilt wurde, war Herr Maltar Bankdirektor gewesen. Als der Krieg ausbrach, waren er, seine Frau und seine neun Kinder nicht zu Hause und konnten wegen der Kämpfe auch nicht dorthin zurückkehren. Als der Krieg vorüber war, befanden sich seine Bank, sein Haus und sein ganzes Geld in dem Gebiet, das die Juden errungen hatten, und er und seine Familie waren heimatlos und bald auch bettelarm.

»Jeden Tag ging ich zu der Zweigstelle unserer Bank hier in Ostjerusalem«, erzählte er, »aber es wurde kein Geld überwiesen, und sie konnten mir nicht helfen. In unserer alten Heimat hatten wir ein angenehmes Leben geführt. Unseren Kindern hatte es an nichts gefehlt. Doch nun ging unser Bargeld rasch zu Ende, und meine Frau und ich machten uns Sorgen. Später setzten sich dann Hilfsorganisationen für die vielen hundert Flüchtlinge ein, aber damals ging noch alles drunter und drüber. Wir wußten nicht, an wen wir uns um Hilfe wenden sollten.

Doch wir sprachen täglich mit unserem Herrn. Wir lasen uns gegenseitig vor, was er uns versprochen hatte, und wir lasen auch immer wieder unseren Kindern Gottes Verheißungen vor. So lasen wir in den Psalmen: ›Selbst starke Löwen leiden oftmals Hunger; doch wer zum Herrn kommt, findet alles, was er zum Leben nötig hat.‹ Wir lasen in Jesaja: ›Am Ort des Friedens wird mein Volk leben, in sicheren Wohnungen, an ruhigen, sorgenfreien Plätzen.‹ Vor allem aber vertrauten wir den Worten Jesu: ›Sorgt euch zuerst darum, daß ihr euch Gottes Herrschaft unterstellt und tut, was er verlangt, dann wird er euch schon mit all dem andern versorgen.‹ Ich war ziemlich sicher, daß Gott sein Versprechen halten würde und wir nicht hungern müßten.

Aber ich wollte, daß auch meine Kinder dieses Vertrauen hätten. Es kam der Tag, an dem wir zum Frühstück den letzten Rest unserer Lebensmittel aßen. Da rief ich die Kinder zusammen. ›Kinder‹, sagte ich, ›der Herr hat versprochen zu geben, was wir brauchen. Aber wir haben kein Geld und nichts mehr zu essen. Das wollen wir nun Gott sagen, ihm und keinem sonst. Ich werde dann mit diesem leeren Korb hinausgehen, und ihr bleibt alle zu Hause. Dann werden wir sehen, ob Gott zu seinem Versprechen steht oder nicht.‹

So standen wir alle um den leeren Korb herum und beteten, und die Kinder merkten, daß dies ein ganz wichtiger Augenblick war. Sie sahen mir nach, als ich mit dem leeren Korb in der Hand die Straße hinunterging. Ich hatte keine Ahnung, wohin ich gehen sollte. So beschloß ich, mich zuerst einmal bei der Zweigstelle meiner Bank zu erkundigen, ob vielleicht doch Geld eingegangen war.

Doch ich erhielt dieselbe Antwort wie schon so oft. Ich wandte mich zum Gehen, da sah ich in der Schlange vor dem Bankschalter einen alten Freund. Er hatte schon vor uns die alte Heimat verlassen und sein Geld auf der Bank in Jerusalem in Sicherheit gebracht.

›Na, das ist aber eine Überraschung, Maltar!‹ rief mein Freund. ›Was machst du denn hier?‹

›Wir haben eine Wohnung in Jerusalem‹, antwortete ich, ›und hier verbrachten wir unseren Urlaub, als der Krieg ausbrach. So konnten wir nicht mehr nach Hause zurückkehren.‹

›Dann müßt ihr aber ganz schön in Geldnöten stecken‹, vermutete mein Freund. ›Sag mal, wie kommt ihr denn zurecht?‹

Ich war drauf und dran, ihm von unserer schlimmen Lage zu berichten, da fiel mir ein, was ich unseren Kindern gesagt hatte. Hatte ich nicht versprochen: ›Wir wollen es dem Herrn sagen und sonst keinem‹? Also versicherte ich meinem Freund, es ginge uns gut, und verließ die Bank mit meinem leeren Korb. Ich wußte nicht, wohin ich jetzt gehen sollte, und so setzte ich mich im gegenüberliegenden Park auf eine Bank im Schatten. ›Ich habe die Wahrheit gesagt‹, dachte ich. ›Denen, die auf Gott vertrauen, geht es immer gut. Alles wird gut werden.‹

So saß ich da und starrte zu Boden und wartete. Auf was? Auf ein Wort oder ein Zeichen vom Herrn. Ich war so in Gedanken versunken, daß ich gar nicht hörte, wie mein Freund von hinten an meine Bank herantrat.

›Du kannst mir erzählen, was du willst, Maltar: mit neun hungrigen Kindern kann es dir überhaupt nicht gutgehen!‹ meinte er kopfschüttelnd, warf eine Handvoll Banknoten in den leeren Korb und ging weiter. Ich aber stand auf, ging zum Markt, füllte meinen Korb, bis ich ihn fast nicht mehr tragen konnte. Ich kaufte alles, was wir für ein gutes Mittagessen benötigten, und noch viel mehr. Das restliche Geld steckte ich in die Tasche. Dann wanderte ich nach Hause. Es war fast Mittag, und die Kinder warteten am Tor und starrten auf den übervollen Korb.

Wir setzten uns und nahmen unser Mahl ein. Wie gut tat es doch, nach den vergangenen mageren Wochen eine so köstliche Mahlzeit einzunehmen. Aber noch besser war es zu wissen, daß der Herr zu dem steht, was er uns versprochen hat.«

Bald darauf hatte Herr Maltar Arbeit gefunden. Als seine Kinder erwachsen waren, zogen er und seine Frau in das Häuschen am Rande des Gartens, in dem das Gartengrab liegt, und Herr Maltar wurde Wächter und Fremdenführer.

Später erfuhren wir, daß er während des Sechstagekrieges direkt neben dem offenen Grab erschossen wurde. Vielleicht war er, der diesen Ort so sehr liebte, froh und glücklich, gerade an der Stelle zu sterben, wo sein Herr den Tod besiegt hatte und der Stein weggerollt worden war.

Bis heute strömen am Ostermorgen die Menschen zu diesem Garten und singen in Erinnerung an die Auferstehung Jesu:

»Jesus lebt, mit ihm auch ich.
Tod, wo sind nun deine Schrecken?
Er, er lebt und wird auch mich
von den Toten auferwecken.«

Schlüsselvers

»Gott, dem ich diene, wird euch alles geben, was ihr braucht. Durch Jesus Christus beschenkt er uns mit dem Reichtum seiner Herrlichkeit« (Philipper 4,19).

Gebet

Hilf mir, Vater im Himmel, Tag für Tag deinem Versprechen zu vertrauen. Laß mich erfahren, daß du hältst, was du zugesagt hast.
Ich bitte dich auch für die, die heute arm und hungrig sind. Gib ihnen heute ihr tägliches Brot. Lehre sie, sich im Glauben an dich zu wenden. Zeig mir und anderen, was wir tun können, um ihnen zu helfen!

Zum Nachdenken

Glaubst du *wirklich*, daß du glücklicher wärst oder daß es dir besserginge, wenn Gott all deine Gebete mit ja beantworten würde?

Wenn die Erhörung auf sich warten läßt
Bibeltext: Johannes 11

29. Der Bus, der nicht anhielt

»Wach auf, Fatima, wir müssen losgehen! Die Sonne steht schon über der Hügelkuppe.«

Fatima gähnte und setzte sich auf. Sie und Maria hatten in dem Dorf übernachtet, das sie jeden Dienstagabend besuchten, um Arznei zu verteilen und die Gute Nachricht allen weiterzusagen, die sie hören wollten. Menana, eine Frau, die von Maria im Spital behandelt worden war, hatte sie in ihr Dorf eingeladen und als sie dann kamen, hoch erfreut in ihrem kleinen Haus bewirtet. Von da an versammelte sich unter dem Strohdach einmal in der Woche bei Sonnenuntergang eine Menge dunkeläugiger Dorfbewohner, die auf dem Heimweg von ihren Feldern hier vorbeikamen. Manche wollten nur Arznei, andere jedoch blieben um das Kohlenfeuer hocken und wollten unbedingt Geschichten aus der Bibel hören. Manchmal unterhielten sie sich bis tief in die Nacht hinein über Fragen, die sie bewegten. Oft wurde es nach Mitternacht, bis Maria und Fatima sich endlich auf den Matratzen an der Wand schlafen legen konnten.

Am nächsten Morgen mußten sie dann früh aufstehen und so schnell wie möglich heimkehren, denn gegen neun Uhr erschienen die Kinder zum Unterricht, und die Missionsstation lag ungefähr zwölf Kilometer vom Dorf entfernt. Manchmal legten sie diese Strecke zu Fuß zurück, gelegentlich aber konnten sie wenigstens drei Meilen bis zu einer Straßengabelung mit dem Marktbus fahren. Leider verkehrte der allerdings sehr unregelmäßig.

An diesem frühen Sommermorgen zogen sie also wie gewöhnlich los. Es war Erntezeit. Die Stoppelfelder glänzten blaß golden. Der Morgenwind fegte die Tennen sauber. Unten am Fluß wuchs der Mais in smaragdgrünen Flecken, und die Feigen waren reif zur Ernte. Die Sonne durchdrang schon die Frühnebel:

Es würde ein sehr heißer Tag werden. Je eher sie nach Hause kamen, desto besser. Zu ihrer großen Erleichterung kam gerade der Bus in Sicht, als sie die Hauptstraße erreichten. Er war schon voll, doch sie schafften es noch, sich hineinzuquetschen.

Es dauerte nicht lange, da stieß Fatima Maria an. Gleich würden sie bei der Straßengabelung ankommen. Sie kämpften sich durch die vielen Leute nach vorn zum Fahrer.

»Können Sie bitte an der Abzweigung anhalten?« bat Fatima. »Wir würden da gern aussteigen!«

Doch der Fahrer erwies sich als schlecht gelaunt und unfreundlich. »Kommt überhaupt nicht in Frage!« knurrte er. »Das ist keine richtige Haltestelle. Da halte ich nicht an. Ich fahre bis zur nächsten Brücke. Von dort aus könnt ihr zu eurem Dorf zurücklaufen.«

»Aber das bringt uns meilenweit von unserem Weg ab ins Tal hinunter!« rief Maria entsetzt. »Wir werden Stunden brauchen, um den steilen Berghang wieder hinaufzuklettern. Halten Sie doch bitte an!« In ihrem Herzen rief sie zu Gott: ›Herr, du weißt doch, daß wir unbedingt nach Hause kommen müssen, und es wird immer heißer! Laß ihn doch bitte anhalten!‹

Der Fahrer aber ließ sich nicht überreden, und so blieb ihnen nichts anderes übrig, als sich in ihr Schicksal zu fügen. Maria kochte innerlich vor Zorn, Fatima dagegen war erstaunlich ruhig. »Wir haben doch heute morgen darum gebetet, daß Gott uns gut nach Hause bringt«, flüsterte sie Maria zu. »Nun warte doch! Wir kommen schon irgendwie heim!«

Doch Maria war gar nicht nach Ruhe zumute, als der Bus schließlich anhielt und sie zehn Kilometer von ihrem Dorf entfernt am Fuß eines steilen Hügels absetzte.

Sie blieben stehen und blickten ins Tal hinunter. Vielleicht kam ja ein anderes Fahrzeug aus der Gegenrichtung, das sie wieder mit zurücknehmen könnte? Doch weit und breit war kein Auto in Sicht. Die Hügel flimmerten schon in der Hitze, und der Fluß war fast völlig ausgetrocknet. Er war nur noch ein kleiner Bach zwischen Oleanderbüschen.

Maria und Fatima blickten so angestrengt ins Tal hinunter, daß sie gar nicht hörten, wie sich ihnen von hinten, vom Berg her, eine Frau näherte. In ihren Armen hielt sie ein Bündel, das mit

einem Tuch zugedeckt war. Sie warf einen Blick auf Maria, ging aber dann direkt auf Fatima zu.

»Ist das die englische Krankenschwester?« fragte sie.

»Ja, meine Schwester«, antwortete Fatima.

»Dann mach mich bitte mit ihr bekannt!« bat die Frau.

Die kräftige, dunkeläugige Landfrau trug einen breiten Strohhut und ein Kleid aus gestreiftem grobem Tuch. An den Beinen trug sie lederne Gamaschen, die sie vor Dornen und Schlangenbissen schützten, und um den Hals trug sie Amulette, die sie vor bösen Geistern bewahren sollten. Sie trat vor Maria hin und zog das Tuch von dem Bündel in ihrem Arm fort. Es war ein Baby, dessen Gesicht sie bedeckt hatte, um seine entzündeten Augen vor Fliegen zu schützen. Die Augenlider waren so geschwollen, daß sie wie dunkle Weinbeeren aussahen. Die Augen selbst waren darunter gar nicht mehr zu erkennen.

»Ich habe sie dir gebracht«, sagte die Frau einfach.

»Wie lange ist es schon so schlimm mit ihren Augen?« fragte Maria.

»Seit vier Tagen. Sie schreit immer nur und will nicht trinken.«

»Aber wieso bist du gerade hierher gekommen? Heute ist doch kein Markttag! Und sonst ist niemand aus deinem Dorf auf der Straße!«

»Letzte Nacht merkte ich, daß es meinem Kind immer schlechterging. Sie glühte vor Fieber. Ich schlief mit einem schweren Herzen ein. Doch dann hatte ich plötzlich einen Traum. Ein weißgekleideter Mann kam auf mich zu und befahl mir: ›Bring das Kind zu der englischen Krankenschwester!‹ – Ich antwortete ihm: ›Aber ich weiß nicht, wo sie wohnt. Ja, ich kenne sie nicht einmal.‹

Da fuhr der Mann in Weiß fort: ›Steh bei Morgengrauen auf und geh zur Hauptstraße hinunter, dort, wo die Brücke ist! Da wartet sie auf dich. Sie wird dir sagen, was du tun sollst.‹

Deshalb bin ich gekommen, und du bist tatsächlich hier.«

So gingen sie miteinander die lange Straße entlang, die den Hügel hinaufführte und sie irgendwann einmal zur Missionsstation bringen würde. Bald kam ein anderer Bus vorbei, dessen Fahrer anhielt und sie einsteigen ließ. So konnten sie sogar den größten Teil des Weges fahren. Die Frau blieb den ganzen Tag bei Maria. Am Abend sah das Baby schon viel besser aus. Es hatte einige Penicillinspritzen bekommen, und die Augen waren mehrmals gespült worden.

Die Frau konnte wieder mit ihrem Baby nach Hause gehen, und Maria gab ihr Medizin mit und versprach ihr, sie am Samstag zu besuchen.

Das Kind wurde ganz gesund, und an jenem Samstag hörten diese Familie und das ganze Dorf zum erstenmal von der Liebe Jesu. Noch oft besuchten Maria und Fatima das Dorf. Die Mutter und ihre Nachbarin waren besonders interessiert. Maria und Fatima saßen auf dem Boden, erzählten ihnen, wie sehr Gott sie liebte, und dankten ihrem Herrn immer wieder, daß er »warte« gesagt hatte, als Maria ihn im Gebet bestürmt hatte, er solle doch den Busfahrer anhalten lassen.

Du brauchst nie daran zu zweifeln, daß Gott deine Gebete hört. Wenn er nicht sofort antwortet, vertraue ihm, daß er gute Gründe dafür hat! Lies einmal die Geschichte von Lazarus in Johannes 11. Die Leute wollten, daß Jesus sofort käme; doch er wartete ganze vier Tage, um ein noch größeres Wunder zu vollbringen, als einen Kranken zu heilen. Viele Menschen begannen Gott zu loben, als sie Lazarus von den Toten auferstehen sahen. Und was lernten Martha und Maria nicht alles, während sie warten mußten!

Schlüsselvers
»Jesus antwortete ihm: ›Was ich tue, kannst du jetzt noch nicht verstehen, aber später wirst du es begreifen.‹« (Johannes 13,7)

Gebet
Herr, auch ich habe schon gebetet und keine Antwort von dir bekommen. Bitte stärke meinen Glauben, daß ich überzeugt sein kann: Du weißt alles, liebst mich und kümmerst dich um mich, und jedes meiner Gebete hast du gehört.
Hilf mir, geduldig zu sein und auf dein Eingreifen zu warten, weil du am besten weißt, was gut für mich und andere ist.
Danke, daß ich eines Tages verstehen werde, warum du »warte« oder »nein« gesagt hast.
Hilf mir in der Zwischenzeit, dir zu vertrauen, lieber Vater!

Zum Nachdenken
Fällt dir ein Erlebnis ein, wo du lange warten mußtest, bis Gott dein Gebet erhörte, und wo das letzten Endes viel besser war? Hilft dir das, Gott zu vertrauen, wenn du in Zukunft einmal lange scheinbar vergeblich für eine Sache beten mußt?

Gebet – wenn Gott »Nein« sagt
Bibeltext: Apostelgeschichte 7

30. Warum mußte gerade er sterben?

Jeder kannte ihn. Er gehörte zu den Christen und war zum Leiter ihres Sozialamtes ernannt worden, das unter anderem Lebensmittel an Witwen verteilte. Das war bis dahin nicht so recht organisiert gewesen, und so hatte es mit den alten Damen Probleme gegeben: Die griechischen Einwanderer hatten den Christen vorgeworfen, sie machten Unterschiede zwischen den Rassen und bevorzugten die Hebräer. So hatte man Stephanus die Leitung der kleinen Gruppe übertragen, die für die Verteilung der Lebensmittel verantwortlich war, und seither hatte es keine Beschwerden mehr gegeben. Die Witwen waren hoch erfreut und betrachteten den jungen Stephanus als ihren Wohltäter.

Allerdings war die Verteilung der Lebensmittel nur eine Teilzeitbeschäftigung. Stephanus' Herz war von Liebe zu Jesus von Nazareth erfüllt, der vor noch gar nicht langer Zeit außerhalb der Stadtmauern Jerusalems gekreuzigt worden war. Dieser Jesus, davon war Stephanus wie die übrigen Christen überzeugt, war der unerkannte Messias der Juden, der Retter, den Gott seinem Volk schon so lange versprochen hatte. Weil Jesus Gott war, hatte selbst das mit einem dicken Stein versiegelte Grab ihn nicht gefangenhalten können. Er war auferstanden und zu seinem Vater zurückgekehrt. Bevor er seine Freunde verließ, hatte er ihnen die Botschaft aufgetragen: »Geht nun in die ganze Welt und verkündet allen die Gute Nachricht!«

Stephanus war traurig, daß er so lange gebraucht hatte, um zu erkennen, wer Jesus wirklich war. Warum nur war er ihm nicht nachgefolgt, als er noch auf dieser Welt gelebt hatte! Um so mehr nahm er jetzt jede Gelegenheit wahr, die Gute Nachricht weiterzusagen. Keiner konnte ihn davon abbringen. Sobald die letzte Witwe versorgt war und er aufgeräumt hatte, zog er los.

Es war eine aufregende Zeit. Die Leute meinten – und damit

hatten sie recht –, Christus lebe wieder in seinen Nachfolgern. In dem, was Stephanus tat, drückte sich Jesu Macht und Liebe aus. Wenn Stephanus sprach, schien Jesus durch ihn zu sprechen. Doch die stolzen Führer des Volkes, die Jesus gehaßt hatten, haßten ihn nun ebenso in Stephanus und versuchten, ihn durch Drohungen und Widerspruch zum Schweigen zu bringen. Als ihnen das nicht gelang, bestachen sie falsche Zeugen, die Lügen über Stephanus verbreiten sollten. Aufgrund ihrer falschen Aussagen wurde Stephanus in Haft genommen.

Hunderte von Menschen waren bei seinem Prozeß zugegen und hörten all die Lügen, die über ihn erzählt wurden. Seine Feinde beobachteten ihn genau, als sie ihre Beschuldigungen gegen ihn vorbrachten. Dabei wurde ihnen ganz unheimlich zumute, denn Stephanus strahlte eine Herrlichkeit aus, die nur von Gott kommen konnte. Sein Gesicht leuchtete. »Wie das Gesicht eines Engels!« flüsterte jemand aus der erschrockenen Menge.

»Sind diese Anschuldigungen wahr?« fragte der oberste Priester, der Stephanus wenigstens eine Chance gab, sich zu verteidigen. Wenn Stephanus jetzt sehr klug, sehr vorsichtig war, konnte er vielleicht noch einmal mit einem blauen Auge davonkommen. Es war seine letzte Chance.

›Aber‹, dachte Stephanus, während er in die wütenden und ängstlichen Gesichter um sich herum blickte, ›es ist auch meine letzte Gelegenheit, ihnen von meinem lebendigen Herrn Jesus zu erzählen. Jetzt ist nicht die Zeit, vorsichtig zu sein.‹ So schob er jeden Gedanken an seine eigene Sicherheit beiseite und hielt die lange, leidenschaftliche Rede, die im Neuen Testament im 7. Kapitel der Apostelgeschichte aufgezeichnet ist. Er bewies den Zuhörern, daß Israel sich in seiner ganzen Geschichte immer wieder geweigert hatte, auf Gottes Stimme zu hören. Gott habe dem Volk in seiner großen Gnade jedoch immer wieder eine zweite Chance gegeben. In der allerjüngsten Vergangenheit hätten die Juden jedoch Gottes größtes und letztes Angebot an die Menschheit abgewiesen und den Messias gekreuzigt.

Als Stephanus so weit gekommen war, wurde das Gemurmel lauter und lauter, bis die jüdischen Führer sich plötzlich nach vorn drängten und dabei wütend mit den Zähnen knirschten und die Fäuste ballten.

In der Menge befanden sich auch Christen, die zweifellos beteten: »Herr, rette Stephanus! Beschütze ihn, bewahre ihn vor Leid und Tod!«

Kann man sich eine schrecklichere Lage vorstellen? Stephanus stand als einzelner einer wütenden Menge gegenüber, die nach seinem Blut lechzte! Doch er schien das gar nicht zu bemerken. Er sah nicht die Menschen, er sah die Herrlichkeit Gottes. Gott hatte seine unsichtbare Welt ein Stück weit geöffnet, und Stephanus konnte hineinschauen. »Seht, seht doch!« rief er auf einmal. »Ich sehe den Himmel offen, und an der rechten Seite Gottes steht der Menschensohn!«

Vielleicht starrten die Leute neben ihm nach oben. Doch sie sahen nur den blauen Himmel. Jetzt reichte es den Führern des Volkes aber. Sie hielten sich die Ohren zu, um den Freudenruf von Stephanus nicht hören zu müssen, und stürzten sich auf ihn. Mit Tritten, Stößen und Schlägen trieben sie ihn aus der Stadt hinaus. Dann warfen sie ihre Mäntel einem Mann namens Saulus zu Füßen und begannen, Stephanus zu steinigen.

»Herr, rette ihn doch! Wir brauchen ihn doch so nötig! Gib, daß ihm nichts geschieht!« beteten die Christen bestimmt.

Stephanus sank auf die Knie. Immer größere Steine sausten auf ihn nieder, doch er hatte immer noch nur Augen und Ohren für Gottes Herrlichkeit. Dort stand sein Herr und begrüßte ihn. Gleich würde er zu Hause sein!

»Herr Jesus, nimm meinen Geist auf!« rief er wie ein erschöpfter Läufer, der das Ziel erreicht hat und vor Freude über den Sieg aufschreit. Er war beinahe dort angekommen, wo nur noch Gottes vollkommene Liebe herrscht. Bosheit und Haß der Menschen lagen hinter ihm. Und die Liebe und Vergebung Christi, die ihn erfüllten, umfaßten selbst seine Mörder. »Herr, strafe sie nicht für diese Schuld!« rief Stephanus mit letzter Kraft. Dann starb er.

Die wütende Menge zerstreute sich. Wahrscheinlich trauten sich die verstörten, weinenden Christen erst am Abend aus ihren Häusern heraus, um ihn zu begraben. Sie hatten um seine Bewahrung gebetet – und er war doch gestorben. Gott hatte sie nicht gehört und erhört – oder etwa doch? Waren vielleicht ihre Gebete doch erhört worden? Hatte Gott vielleicht deshalb das

Tor zu seiner unsichtbaren Welt einen Spalt weit geöffnet? Hatte er vielleicht doch Stephanus auf wunderbare Weise gerettet und beschützt – beschützt vor Furcht, vor einer Niederlage und vor allem vor Haß? Hatte nicht bis zuletzt die Liebe gesiegt? Regierte Stephanus nicht jetzt schon im ewigen Leben, vom Tod errettet?

Und noch etwas anderes ereignete sich an diesem Tag. Zu Hause angekommen, kämpfte der stolze Jude namens Saulus gegen seine Angst und sein Gewissen an und gegen Gott. Während er die Kleider der Mörder bewachte, hatte er zugeschaut, wie Stephanus gesteinigt worden war. Saulus haßte diesen Jesus. Aber an diesem Abend war er doch ganz erschüttert ... Was hatte Stephanus gesehen? Wie konnte ein Mann so in Frieden und Liebe sterben!

Ja, die Christen hatten durch den Tod von Stephanus einen ihrer Führer verloren. Doch gerade dadurch bereitete Gott schon einen anderen vor, denn Saulus sollte sich schon bald Christus ergeben.

Es gibt viele Gründe, warum Gott unsere Gebete manchmal mit »Nein« beantwortet. Das bedeutet aber nicht, daß er sie nicht gehört hätte oder daß ihm unsere Bitte nicht wichtig genug gewesen wäre. Gewöhnlich bedeutet Gottes Nein, daß die Erfüllung unserer Bitte nicht gut für uns wäre. Manchmal jedoch sagt Gott Nein, weil er etwas noch weit Besseres für uns hat als das, worum wir ihn gebeten haben.

So war es in dieser Geschichte. Stephanus hat durch sein Leben vielen Menschen geholfen. Durch seinen Tod jedoch ist Millionen von Menschen geholfen worden – bis heute.

Auch wenn wir Gott nicht immer verstehen, können wir darauf vertrauen und ihn dafür loben, daß er unsere Gebete auf *seine* Weise erhört – auf die beste Art und Weise.

Schlüsselverse

»Gott ist mein Retter, er schützt meine Ehre; mein starker Fels, meine Zuflucht ist er! Ihr, die ihr zu seinem Volk gehört, setzt euer Vertrauen jederzeit auf ihn, schüttet euer Herz bei ihm aus, denn Gott ist unsere Zuflucht!« (Psalm 62,8.9)

Gebet

Vater, ich möchte dir vertrauen, obwohl du einige Gebete von mir nicht beantwortet hast. Ich weiß, daß du mich hörst, mich liebhast und am besten weißt, was gut für mich ist.

Ich will dir vertrauen, daß du meine Gebete viel besser erhörst, als ich das überhaupt erwarte, und ich danke dir, daß ich das eines Tages begreifen werde.

Zum Nachdenken
Fühlst du dich von Gott im Stich gelassen, wenn er dein Gebet mit »Nein« beantwortet?
Meinst du, daß Gott dich *tatsächlich* im Stich gelassen hat?

Gebet – die Wichtigkeit des Lobens
Bibeltext: Apostelgeschichte 16

31. Gesang um Mitternacht

Sie lehnten sich an die grobe Steinmauer und rührten sich nicht, denn die kleinste Bewegung tat ihnen weh. Außerdem waren ihre Füße im Block eingespannt, so daß sie sich ohnehin kaum bewegen konnten. Es war stockfinster in dem Gefängnis, und eine ganze lange, schmerzvolle Nacht lag noch vor ihnen. Sie hatten keine Ahnung, was der nächste Morgen bringen würde. Vielleicht ihre Hinrichtung? Doch die Gedanken der beiden Männer verweilten mehr bei der Vergangenheit als bei der Zukunft. Was hatten sie in den letzten Wochen nicht alles erlebt – Erstaunliches, Herrliches, aber auch Schreckliches.

Sie unterhielten sich leise über das, was geschehen war. Sie waren froh darüber, daß man sie wenigstens nebeneinander angekettet hatte. Sie erinnerten sich an den Tag, an dem sie in Philippi angekommen waren. Sie hatten eine lange Wanderung hinter sich gehabt, waren völlig erschöpft und hatten nicht gewußt, was sie als nächstes tun sollten. Doch sie waren ganz sicher gewesen, daß Gott sie hierher geführt hatte. Dann war jener friedliche Sabbatmorgen angebrochen, und sie waren zum Fluß zwischen den Hügeln hinuntergewandert. Dort hatten sie eine kleine Gruppe von Frauen beim Gebet angetroffen, unter ihnen Lydia.

Lydia! Sie hatten der reichen, vornehmen Frau kaum etwas erklären müssen, denn ihr Herz war schon weit geöffnet für die Wahrheit über Jesus. Sie war die erste gewesen, die glaubte, und sie hatte den beiden fremden Predigern sogleich ihr Haus zur Verfügung gestellt, so daß sie dort die Gute Nachricht predigen konnten. So waren bald mehr Menschen zum Glauben gekommen, und schon bald gab es eine ganze Schar von Christen, die sich regelmäßig trafen, um mehr von Jesus zu hören. Es war eine wunderbare Zeit gewesen ... bis zu dem Zwischenfall mit dem Sklavenmädchen. Dabei war auch das ein wunderbarer Sieg Jesu gewesen. Durch seine Macht war sie aus der Gewalt des bösen Geistes befreit worden, und von Stund an war sie ein gänzlich veränderter Mensch gewesen. Doch sie war eine Sklavin, und ihre Besitzer waren außer sich vor Zorn. Das Mädchen hatte ihnen Geld eingebracht, viel Geld. Die Menschen hatten dafür bezahlt, daß sie den Geist aus der unsichtbaren Welt durch den Mund der Sklavin reden hörten. Und nun? Nun war das Mädchen geheilt, und die sichere Geldquelle war versiegt. Wer war schuld an diesem Verlust? Natürlich diese beiden Fremden mit ihrer neuen Lehre!

So waren Paulus und Silas plötzlich auf offener Straße überfallen und zum Gerichtsgebäude am Marktplatz geschleppt worden. Dort klagte man sie an, sie stifteten Aufruhr in der Stadt. Niemand wollte sich anhören, was die beiden zu ihrer Verteidigung zu sagen hätten. Sie wurden auf der Stelle ausgepeitscht und danach ins Gefängnis geworfen.

»Sorge dafür, daß sie nicht entkommen!« schärften die Leiter der Stadtverwaltung dem Gefängniswärter ein. »Es haben sich in letzter Zeit merkwürdige Dinge ereignet, und man kann nicht vorsichtig genug sein.«

»Keine Sorge, ich werde schon auf sie aufpassen!« versicherte ihnen der Wärter. »Hier im Gefängnis wird sich schon nichts Merkwürdiges ereignen! Und um ganz auf Nummer Sicher zu gehen, schließe ich ihre Füße im Holzblock ein.«

Und da saßen sie nun, wund und steif von den vielen Schlägen. Der Kopf schwirrte ihnen, weil alles so schnell gegangen war. Was mit ihnen selbst geschah, war ihnen nicht einmal so wichtig. An solche Behandlung hatten sie sich inzwischen schon gewöhnt. Doch was würde mit Lydia und den neuen Christen geschehen? Und wie mochte es mit dem eben erst aus der Gewalt finsterer Mächte befreiten Sklavenmädchen weitergehen?

»Komm, Silas, wir wollen für sie beten!« sagte Paulus. Er wußte, daß weder Holzblöcke noch Eisenriegel oder Steindekken verhindern konnten, daß Gebete zu Gott aufstiegen. Während die beiden Männer beteten, vergaßen sie ihre Schmerzen und die Dunkelheit. Ihnen wurde bewußt, daß Christus selbst bei ihnen in der Zelle war, ihr Herr, der viel mehr gelitten hatte als sie, dessen Stimme sie nach Philippi gerufen, dessen Kraft Lydia gerettet und den bösen Geist aus dem Sklavenmädchen herausgetrieben hatte, und dessen heilende, tröstende Liebe sie selbst hier, im Gefängnis, umgab. Das alles erschien ihnen plötzlich so wunderbar, daß sie zu singen begannen. Sie konnten einfach nicht anders. Lauter und lauter wurden ihre Loblieder, und die übrigen Gefangenen erwachten und hörten ungläubig zu. Gesang in diesem Gefängnis? So etwas hatte es noch nie gegeben!

Doch nicht nur die Gefangenen hörten den Gesang, auch Gott hörte zu. Und im Lob steckt eine große Kraft, gegen die Satan nicht ankommen kann. Während die Lieder durch das Gefängnis hallten, begannen die Mauern zu schwanken, Riegel und Schlösser zerbrachen, und Eisentüren flogen mit lautem Krach weit auf. Ketten sprangen auf und fielen klirrend zu Boden, und die erschrockenen Gefangenen tasteten sich aus ihren Zellen zu den Gängen vor. Sie waren plötzlich frei, doch es war zu finster, als daß sie den Weg nach draußen hätten finden können.

Am meisten fürchtete sich jedoch der Gefängniswärter. Er wußte: Wenn auch nur ein einziger Gefangener floh, mußte er dafür selbst mit seinem Leben bezahlen. Die Römer hatten grausame, qualvolle Hinrichtungsarten. Da war es noch besser, sich selbst das Leben zu nehmen. Er zog sein Schwert, um sich damit zu durchbohren. In diesem Augenblick zog sein ganzes dunkles, schlechtes Leben in Gedanken an ihm vorüber ... Wohin würde er jetzt kommen? Konnte ihn etwas vor der Strafe der Götter retten?

Da hörte er eine Stimme aus der Dunkelheit: »Tu dir nichts an! Wir sind alle noch hier!«

Seine Furcht wurde noch größer. Die Stimme kannte er doch! Das war doch der Gefangene, der in der Dunkelheit gesungen hatte und sich nicht vor dem Tod fürchtete. Ob die beiden Männer wohl herausgefunden hatten, was man tun mußte, um keine Angst mehr vor dem Tod zu haben? Und ob sie ihm wohl ihr Geheimnis mitteilen würden?

»Macht Licht!« rief er, und während die andern Gefängnisbeamten mit Laternen herbeigerannt kamen und die Gefangenen wieder zurücktrieben, lief er zu der Stelle, woher die Stimme gekommen war. Paulus und Silas standen ganz ruhig im Licht seiner Laterne. Der zitternde Gefängniswärter fiel ihnen zu Füßen und rief: »Ihr Herren, was muß ich tun, um gerettet zu werden?«

Fest und gewiß erklang die Antwort: »Nimm Jesus als deinen Herrn an und vertraue ihm – dann wirst du gerettet und deine Angehörigen mit dir.«

Das also war das Geheimnis! Der Gefängniswärter wusch den beiden Gefangenen ihre Wunden aus, dann weckte er seine schlafende Familie auf, denn die Zeit war knapp. Paulus und Silas, die sich sicher danach sehnten, sich hinzulegen und auszuschlafen, erzählten den Menschen von Jesus. Und als sie sich entschlossen, von nun an mit Jesus zu leben, da tauften sie sie. Anschließend aßen sie alle zusammen und freuten sich. Es war eine seltsame, wunderbare Nacht, und die Morgendämmerung brach viel zu schnell an. Das Gerücht von dem, was geschehen war, hatte sich schon über die ganze Stadt verbreitet, und die verängstigten Stadträte entschuldigten sich bei Paulus und Silas und flehten sie an, die Stadt sofort zu verlassen.

Es war wirklich merkwürdig, was sich da im Gefängnis ereignet hatte! Und das alles deshalb, weil zwei Gefangene in ihrem Schmerz und in der Dunkelheit zu Gott emporgeschaut, ihm gedankt und ihn gelobt hatten.

Schlüsselverse – Davids Dankgebet

»Ich will dem Herrn von ganzem Herzen danken,
den heiligen Gott mit meinem Lied besingen!
Ich will den Herrn mit allen Kräften preisen
und niemals seine Freundlichkeit vergessen!
Er hat mir meine ganze Schuld vergeben,
von aller Krankheit hat er mich geheilt,
dem Grabe hat er mich entrissen
und mich mit Güte und Erbarmen überschüttet.
Durch seine Gaben sorgt er für mein Leben
und schenkt mir neue, jugendliche Kraft,
gleich einem Adler schwinge ich mich auf.«
(Psalm 103,1–5)

Zum Nachdenken

Versuche einmal, mit eigenen Worten ein Dankgebet aufzuschreiben, das du irgendwo aufbewahren und immer wieder gebrauchen kannst. Danke Gott darin für solche Dinge, über die du dich besonders freust, und vielleicht auch für solche, die du nicht so gern hast, die aber dennoch gut sind.

VIII. Geistliches Wachstum
b) In der Beziehung zu anderen Menschen

Die Wichtigkeit des Dienens
Bibeltext: Matthäus 25,31–46

32. Der Weihnachtsgast

Die folgende Geschichte ist eine alte Legende der frühen orthodoxen Kirche. Sie ist im Laufe der Jahrhunderte auf verschiedene Weise weitererzählt worden als Geschichte vom Schuster Gregor oder auch als die Geschichte vom Vater Martin.

Gregor lebte in einem kleinen Dorf und hatte seit vielen Jahren die Schuhe von Männern und Frauen, Erwachsenen und Kindern geflickt. Sechs Tage in der Woche arbeitete er fleißig, doch sonntags blieb sein Laden geschlossen. Dann stieg er zu der kleinen Kirche auf dem Hügel hinauf, um dort zu beten und Gott zu loben. Die Sonntage waren seine glücklichsten Tage, denn Gott war Gregors bester Freund. Die Jahre vergingen. Gregor wurde ein alter Mann. Seine Frau war gestorben, und seine Kinder hatten geheiratet und waren weggezogen. Er konnte nicht mehr so lange und so schnell arbeiten wie früher. Das Geld wurde knapp, und manchmal hatte Gregor kaum genug Geld, um Lebensmittel und Brennholz zu kaufen.

Es war Weihnachten. Das Land lag unter einer dicken Schneedecke, und auch die Häuser trugen eine Schneehaube. In der Kirche oben auf dem Hügel hatte man Lichter angezündet, und ihr heller Schein strömte aus den Fenstern. Die Menschen eilten dem warmen Licht entgegen, um miteinander die Geburt Christi zu feiern. Nur der alte Schuster Gregor saß an seinem Ladenfenster und beobachtete mit sehnsüchtigen Augen die fröhliche Menge. Viele Leute blieben stehen und begrüßten ihn.

»Kommst du nicht mit, Vater Gregor?« fragten sie ihn. »Die Glocken läuten. Hol deinen Umhang und komm mit!«

Doch Gregor schüttelte traurig den Kopf. »Ich kann nicht mehr den Hügel hinaufsteigen«, sagte er. »Meine Knie sind so steif vom Rheuma, daß ich kaum die Straße überqueren kann.«

Lange saß er da und lauschte dem Glockenklang. Von weit her klangen Weihnachtslieder durch die eisige Luft zu ihm herüber. Er fühlte sich schwach und alt und schlief bald in seinem Sessel beim Fenster ein. Da hatte er einen Traum. Ein Engel trat zu ihm, und das ganze Zimmer wurde durch seine Gegenwart in strahlendes Licht getaucht.

»Was wünschst du dir, Gregor?« fragte der Engel. »Sag es nur, denn dein Wunsch wird in Erfüllung gehen.«

Da antwortete Gregor mutig: »Ich kann nicht mehr mit den anderen zum Haus Gottes gehen, deshalb bitte ich, daß das Christuskind mich in meinem Haus besuchen möge.«

»Morgen soll dein Wunsch in Erfüllung gehen«, versprach der Engel, und das Licht verblaßte.

Gregor erwachte beim Morgengrauen. Es hatte in der Nacht noch mehr geschneit, doch Gregor hatte keine Zeit hinauszuschauen. Er zweifelte keinen Augenblick daran, daß sich sein Traum erfüllen würde und er heute seinen himmlischen Gast begrüßen dürfe. Nun hatte er keine Zeit zu verlieren. Es gab viel zu tun. Mühsam fegte er das Zimmer aus, legte Holz auf und stellte das wenige Essen, das er hatte, auf eine schneeweiße Tischdecke. Erst wenn sein Gast eingetroffen war, wollte er das Feuer anzünden, und bis dahin wollte er auch nichts essen. Als alles bereit war, setzte er sich wieder an sein Ladenfenster, beschattete mit einer Hand seine Augen und blickte die Straße hinauf und hinab.

Da kam jemand! Sollte das ...? Nein, das war nicht das Christuskind. Das war nur der kleine Sohn des Blinden, der unten an der Straße wohnte. Er humpelte barfuß durch den Schnee, und als er näher kam, sah Gregor, daß er die Fäuste an die Augen preßte. Der kleine Junge weinte leise. Der Schuster lehnte sich zum Fenster hinaus.

»Warum weinst du denn, Kind?«

»Wegen der Frostbeulen an meinen Füßen; sie tun mir so weh!«

»Warum läufst du denn barfuß im Schnee?«

Gregor's Schuhwerks'
Damen - Herren - Kinderschuhe
Reparatu

»Weil wir kein Holz haben und ich etwas kaufen gehe.«

»Aber wo sind deine Schuhe?«

»Ich bin aus ihnen herausgewachsen. Sie drücken meine Frostbeulen.«

»Dann komm mal her, Kind, komm in meinen Laden! Hier, stell deinen Fuß auf dieses Stück Leder! So ..., das hätten wir. Heute erwarte ich einen Gast, aber morgen will ich dir ein Paar Sandalen anfertigen. Komm in zwei Tagen wieder! Nein, du brauchst kein Geld mitzubringen. Dein Vater ist mein Freund.«

Die Augen des Kindes strahlten durch die Tränen hindurch, und es rannte los. Die Schmerzen waren vergessen.

Inzwischen stand die blasse Wintersonne hoch am Himmel, doch der Gast war immer noch nicht gekommen. Besorgt sah Gregor wieder und wieder auf die Straße hinaus. Da, ja, da kam jemand! Gregor starrte gespannt hinaus, dann seufzte er enttäuscht. Es war nur die Witwe aus der Hintergasse, die ihr Brot nach Hause brachte. Sie war schon seit dem frühen Morgen draußen, um zu betteln. Jetzt wünschte sie Gregor einen guten Tag. Da fiel ihm plötzlich ein, daß er ihr ja ein Paar Schuhe geflickt hatte.

»Witwe Maria!« rief er. »Warum nimmst du denn deine Schuhe nicht mit? Sie sind doch schon lange fertig.«

»Ich kann sie nicht bezahlen, Vater Gregor«, antwortete sie. »Ich habe sechs kleine Münder zu füttern. Am besten verkaufst du die Schuhe und behältst das Geld als Lohn für deine Arbeit. Bis zur Schneeschmelze müssen diese hier noch halten.« Sie blickte auf die zerfetzten Sandalen an ihren Füßen hinunter.

»Komm, nimm deine Schuhe mit, Witwe Maria!« rief Gregor ihr zu und hielt ihr die geflickten Schuhe hin. »Die Kleinen brauchen das Geld nötiger als ich. Nimm sie in Jesu Namen – und Gott segne dich!«

Ein Strahlen überzog ihr müdes Gesicht. Tränen der Dankbarkeit rannen über ihre eingefallenen Wangen. Sie küßte seine Hand und segnete ihn, bevor sie weiterging. Und die Sonne versank golden im Westen, und das Christuskind war immer noch nicht gekommen.

Jetzt würde der himmlische Gast auch nicht mehr kommen ... Vielleicht war alles doch nur ein Traum gewesen ... Frierend und hungrig sah der alte Mann ein letztes Mal die Straße hinunter.

Da kam jemand, aber wieder war es kein strahlendes Kind. Ein müder Wanderer kam, schwer auf seinen Stab gestützt, die Straße entlang und blickte sich suchend um. Er war fremd hier, und Gregor rief ihm entgegen: »Wohin des Weges, Wanderer?«

»Zu meinem Sohn ins nächste Dorf! Aber das sind noch fünf Meilen, und Kälte und Hunger setzen mir zu. Darf ich ein wenig in deinem Haus ausruhen?«

»Nur herein, willkommen!« sagte Gregor und öffnete die Tür. Der Wanderer ließ sich erschöpft auf die Bank am kalten Ofen sinken. Er zitterte vor Kälte und hatte ganz blaue Finger. Gregor sagte zögernd: »Ich würde ja das Feuer anzünden, Bruder, doch ich erwarte noch einen Gast.«

»Einen Gast? Wer würde denn zu so später Stunde noch durch den Schnee kommen? Ach, wie gern würde ich meine Hände wärmen.«

Zum letztenmal ging Gregor ans Fenster. ›Ja, jetzt wird er nicht mehr kommen‹, dachte er traurig. ›Der Traum hat mich getäuscht. Und wie könnte ich diesem armen Fremden Essen und ein warmes Feuer verweigern?‹ So zündete er die Holzscheite an, und vor den fröhlich tanzenden Flammen erholte sich der Wanderer zusehends.

»Ich werde meine Reise morgen früh fortsetzen«, murmelte er. »Gott segne dich, mein Freund, für deine Freundlichkeit einem armen Fremden gegenüber.«

Gregor legte sich ebenfalls schlafen, doch sein Herz war schwer. Hatte der Engel ihn betrogen? Traurig flüsterte er in die Dunkelheit hinein: »Warum bist du nicht gekommen, Herr? Ich habe doch den ganzen Tag gewartet . . .«

Wieder schien die Dunkelheit von Wärme und Licht durchflutet zu werden, und eine Stimme sagte: »Aber ich bin doch gekommen! Und was für einen fürstlichen Empfang hast du mir bereitet!« Auf einmal schienen überall um ihn herum Stimmen zu singen, und er hörte die Worte:

»Ich war das Kind mit den blutenden Füßen,
ich war die Witwe, die auf der Straße weinte,
und ich war der Fremdling, der um Brot bat.«

Geistliches Wachstum in der Beziehung zu anderen

Schlüsselvers
»Ich will euch sagen: was ihr für einen meiner geringsten Brüder getan habt, das habt ihr für mich getan« (Matthäus 25,40).

Gebet
Herr, du wirst auch mir heute in vielen anderen Menschen begegnen. Hilf mir, andere zu lieben, mit ihnen zu teilen, ihnen zu dienen um deinetwillen, weil ich weiß, daß ich es auch für dich tue.

Zum Nachdenken
Alles, was ich einem anderen Menschen sage oder tue, sage oder tue ich Jesus.

Die Wichtigkeit, Gottes Botschaft weiterzusagen
Bibeltext: 2. Korinther 5,14–21

33. Das Seil

Er humpelte die Straße entlang, tastete sich mit seinem Stock Schritt um Schritt vorwärts, umklammerte mit seiner freien Hand seine Bettlerschüssel und blinzelte mit fast erblindeten Augen in die Sonne. Er war unsagbar zerlumpt, schmutzig und erschöpft und schien sich verirrt zu haben. Bei der Straßengabelung blieb er stehen.

»Führt mich denn keiner zum Ort der himmlischen Heilung?« rief er in dem weinerlichen Tonfall eines Bettlers. Ein Kind zupfte ihn am Ärmel und brachte ihn zum Tor des Krankenhauses. Er klopfte mit seinem Stock an dieses Tor und bat um Einlaß.

»Die Betten sind alle belegt«, wies ihn der Türhüter ab.

»Dann lege ich mich in den Hof, bis eines frei wird«, sagte der arme Li. »Aber ich brauche etwas zu essen, denn ich bin viele, viele Meilen gegangen. Ich habe nichts als das Licht vor mir und den Staub an meinen Füßen gesehen und mich mit Betteln durchgeschlagen. Viele, viele Tage lang bin ich unterwegs gewesen, und alle haben mir gesagt, daß ich hier Barmherzigkeit finden würde.«

Der Türhüter schlurfte fort und holte den Arzt. Der sah sich Li genau an. Es stimmte, alle Betten waren besetzt. Doch die Geschichte des Bettlers von seiner langen Wanderung klang wahr. Seine Füße waren so zerschunden und schwielig, und er sah völlig erschöpft aus.

»Sorgt dafür, daß er gewaschen wird, und dann legt eine Matratze in den Gang vor den Krankenzimmern!« ordnete der Arzt an. So wurde Li aufgenommen, und zum erstenmal seit vielen Jahren schlief er auf einer Matratze und bekam dreimal täglich etwas Rechtes zu essen. Er fühlte sich wie im Himmel, und einige Tage später begab er sich vertrauensvoll in den Operationssaal, wo er am grauen Star operiert wurde. Bald darauf wurden ihm die Binden abgenommen, und er bekam eine Brille. Li konnte sehen! Aber er erlebte noch mehr. Seit seiner Kindheit hatte Li keine Liebe mehr erfahren. Als Ausgestoßener war er aufgewachsen. Und dann hatte man ihm vom »Ort der himmlischen Heilung« erzählt. Neben der Hoffnung, wieder sehen zu können, war es dieser verlockende Name gewesen, der ihn veranlaßt hatte, den langen, beschwerlichen Weg auf sich zu nehmen. Nun war er da. An jedem Abend versammelten sich die Patienten, nachdem sie ihren Reis gegessen hatten, um zu singen und den Fremden zuzuhören, die das Krankenhaus leiteten. Li hörte von der Liebe Gottes, die im Leben, Sterben und der Auferstehung Jesu Christi sichtbar geworden war. Diese Liebe schien genau das zu sein, was Li unbewußt schon immer gesucht hatte. Hier hatte er Licht für sein Leben gefunden – nicht nur Licht für seine Augen, sondern Licht für Körper, Seele und Geist. Hier war er ganz geheilt worden.

Er blieb lange im Krankenhaus. Er konnte wieder sehen und hätte eigentlich längst weiterziehen sollen. Er räumte auch sein Bett für einen Kranken, blieb aber noch in der Nähe. Er schlief in einem Anbau und erledigte kleine Arbeiten, die auf dem Krankenhausgelände anfielen. Nein, er wollte noch nicht weiterziehen. Es gab soviel zu lernen, und die Missionare freuten sich über sein Verständnis. Sie hofften, daß er später einmal als Evangelist ausgebildet werden könnte.

Doch eines Tages gab Li plötzlich bekannt, er wolle nach Hause gehen.

Auf die Frage, warum er denn gehen wolle und was er vorhabe, antwortete er ausweichend. Die Missionare wollten wissen, ob er zurückkehre, um in seinem Heimatdorf die Gute Nachricht zu verkünden. Nein, dazu wisse er selbst noch nicht genug, antwortete er. Er wisse nur, daß er gehen müsse; doch eines Tages werde er zurückkehren.

Mit einer respektvollen Verbeugung verabschiedete er sich an einem Morgen von den Mitarbeitern des Krankenhauses und ging davon. Die Zurückgebliebenen sahen ihm bedrückt nach, denn sie glaubten nicht, daß er wiederkommen würde.

Viele Wochen später tauchte Li wieder auf. Das Dorf und das

Krankenhaus lagen wie ausgestorben da. Es war die heiße Jahreszeit, und zu dieser Stunde herrschte Mittagsruhe. Doch plötzlich ertönte auf dem Asphalt das Geräusch vieler Stöcke, und die Leute erwachten aus ihrem Mittagsschlaf und rannten aufgeregt zu ihren Haustüren. Auch der Türhüter des Krankenhauses sprang auf und rieb sich die Augen. Dann schnappte er entsetzt nach Luft und rannte zum Arzt.

»Kommen Sie schnell raus«, rief er atemlos. »Sehen Sie sich das an! Sie wollen alle zu uns. Was machen wir bloß mit all den Leuten?!«

Der Arzt lief zur Tür. Seine Frau folgte ihm. Tatsächlich: Da kam Li die Straße entlang mit sicherem Schritt, die Brille auf der Nase. In der Hand hielt er ein Seil, das um das Handgelenk eines blinden Bettlers gewunden war, der, eine Bettelschale in der einen und einen Stock in der anderen Hand, hinter ihm herkam. Das Seil an seinem Handgelenk führte wiederum zum Handgelenk eines weiteren blinden Bettlers, und das wiederum zu einem anderen ... Zusammen waren es ungefähr fünfzehn. Mit drei oder vier Reisekameraden war Li aufgebrochen. Doch auf ihrem Weg hatten sie in fast jedem Dorf, durch das sie kamen, einen weiteren Leidensgenossen aufgegabelt. Die traurigen Gestalten, die da hintereinander herstolperten, hatten überall Mitleid erweckt, und so hatten sie unterwegs zu essen bekommen.

»Ich mußte es ihnen doch weitersagen!« strahlte Li. »Schließlich habe ich doch das Licht gefunden!«

Sie ließen sich alle im Schatten eines Baumes im Hof des Krankenhauses nieder und bekamen zu essen. Leider konnten nicht alle geheilt werden, doch alle hörten von der Liebe Jesu, und einige konnten operiert werden und erhielten ihr Augenlicht wieder, während andere wenigstens so behandelt werden konnten, daß ihre Schmerzen aufhörten. Der Arzt und die ohnehin schon überarbeiteten Mitarbeiter des Krankenhauses arbeiteten bis zur Erschöpfung, aber sie beklagten sich nicht. Li war zurückgekehrt, das war das Wichtigste. Und er hatte ganz offensichtlich verstanden, was der Herr Jesus meinte, als er seinen Nachfolgern sagte: »Geht nun in die ganze Welt und verkündet allen die Gute Nachricht!«

Geistliches Wachstum in der Beziehung zu anderen

Wenn wir in Jesus Christus Gottes Liebe erlebt haben, können wir das für uns behalten? Werden wir unsere Freude nicht all unseren Freunden weitergeben wollen, die bis jetzt noch nicht die Liebe Gottes begriffen haben?
Jesus hat gesagt, daß wir das Licht der Welt sind. Durch uns will er in die Welt hineinscheinen. Wenn wir gefragt werden, warum wir anders sind, dann müssen wir bereit sein zu erzählen, was Jesus für uns getan hat.

Schlüsselvers
»Seid immer bereit, Rede und Antwort zu stehen, wenn jemand fragt, warum ihr so von Hoffnung erfüllt seid« (1. Petrus 3,15).

Gebet
Vater, ich bitte dich für meine Freunde, vor allem für die, die sich nicht für Jesus interessieren und nichts von deiner Liebe wissen.
Zeig mir, wie ich sie zu deinem Lichte führen kann.
Mach mich treu im Gebet für sie.
Hilf mir, die Liebe Jesu auszustrahlen.
Wenn sich die Gelegenheit bietet, hilf mir, ihnen zu erzählen, wie du mein Leben verändert hast.

Zum Nachdenken
Denke an einen Freund oder eine Freundin, der/die nichts von Jesus weiß. Nimm dir vor, regelmäßig für ihn oder sie zu beten, und überleg dir, auf welche Weise du ihm oder ihr von Jesus erzählen kannst.

Dienst aus Liebe
Bibeltext: Römer 10,6–18

34. Das Mädchen, das nicht vergessen konnte

Nicole hatte herrliche Sommerferien verlebt, die schönsten ihres Lebens. Nun, nach ihrer Heimkehr, lag sie Abend für Abend in ihrem Bett und erlebte in Gedanken noch einmal jene fröhlichen, ausgefüllten Stunden.

In gewisser Hinsicht waren es gar keine Ferien gewesen, sondern ein Arbeitseinsatz. Sie waren in zwei VW-Bussen durch Frankreich und Spanien gefahren, hatten in einem Schiff die Meerenge von Gibraltar überquert und waren dann in Nordafrika gelandet. Ihr Ziel war ein Missionskrankenhaus, das sie renovieren wollten. Übernachtet hatten sie in zwei leeren Krankenstationen (die Patienten waren für einen Monat nach Hause geschickt worden). Organisiert hatte das Ganze ihr Bibelgruppenleiter, und mit ihnen hatten noch zwei weitere Gruppen an diesem Einsatz teilgenommen.

Nicole hatte also viele neue Freunde gewonnen. Sie hatten jedoch nicht nur gearbeitet. Mittags, wenn die Hitze jede Arbeit unmöglich machte, legten sie ihre Werkzeuge beiseite, packten ein Picknick ein, quetschten sich in die Autos und fuhren zum Strand – zu einem der breiten Mittelmeerstrände, wo der Sand zu heiß war, um barfuß zu laufen, und wo das Wasser so still und klar war, daß man auf dem sandigen Meeresboden jeden Kieselstein sehen konnte. Oder sie fuhren etwas weiter, nach Westen, wo die Brandung des Atlantik gegen die Küste donnerte und die Wellen sie wie Stoffpuppen mitrissen und wieder an den Strand warfen.

Um fünf Uhr begann die nächste Arbeitsschicht. Nicole strich besonders gern die Krankenhausschränke an. Später nahmen sie dann im Gärtchen ihr Abendessen ein und betrachteten dabei die herrlichen Sonnenuntergänge über dem Meer. Danach versammelten sie sich in einem großen Kreis oder in kleineren

Gruppen, um sich über bestimmte Themen zu unterhalten oder gemeinsam die Bibel zu lesen. Manchmal kam auch ein Mitarbeiter des Krankenhauses und erzählte ihnen aus der Arbeit des Missionsspitals. Einige dieser Berichte konnte Nicole nicht vergessen. Wie mochte das wohl sein, fragte sie sich, wenn man sich zu Christus bekehrte und einem der Vater dann die Bibel zerriß? Oder wenn man aus der Schule flog oder gar ins Gefängnis geworfen wurde, nur weil man sich zu Christus bekannte? Und dann die Armut. Wie mochte das sein, wenn man das eigene Baby hungrig im Arm hielt und kein Geld hatte, um Milch zu kaufen? Wie konnte man da helfen?

Eines Abends hatte einer der Missionare von Ferienlagern erzählt, die sie für Kinder aus der Umgebung durchführten. Jede Woche kam eine andere Altersgruppe dran. Vormittags gab es Kinderstunde und Bibelunterricht, und nachmittags zog man zum Strand. Nur wenige der Kinder waren stolze Besitzer einer Badehose oder eines Badeanzugs, und so mußten sie oft abwechselnd ins Wasser gehen und einander die Badebekleidung ausleihen.

Neun Monate später, zu Beginn der Badesaison, hatte Nicole eine glänzende Idee.

Einen weiteren Monat später sprach die Missionarin, die für die Ferienlager verantwortlich war, mit den Kindern. Die hörten ihr zu, und ihre Gesichter wurden immer länger.

»Versucht alle, etwas mitzubringen, worin ihr schwimmen könnt«, sagte sie. »Die alten Badesachen sind abgetragen. Vom letzten Jahr ist kaum noch etwas übriggeblieben. Wenn ihr nichts mitbringt, könnt ihr also nicht schwimmen gehen. Ihr, die Kleineren, ihr könnt doch sicher in der Unterhose schwimmen?«

Die kleinen Mädchen sahen sie entgeistert an. In der Unterhose schwimmen? Wenn man schon sieben war? Nein, das war unmöglich.

Das Problem schien unlösbar. Badesachen waren furchtbar teuer. Mit dem Geld für einen Badeanzug konnte eine Familie eine ganze Woche leben! So gingen die Kinder traurig nach Hause, und die Lagerleiter breiteten die Not im Gebet vor Gott aus. Und dann traf völlig unerwartet das Paket ein, und im Begleitbrief hieß es:

»Sie werden sich wohl nicht mehr an mich erinnern. Ich habe letzten Sommer an dem Arbeitseinsatz bei Ihnen teilgenommen. An einem Abend haben Sie uns von Ihren Kinderlagern erzählt. Ich habe einfach nicht vergessen können, daß diese Kinder abwechselnd schwimmen müssen, weil sie nicht genügend Badeanzüge haben. Als nun in diesem Jahr bei uns die Schwimmbäder öffneten, erschienen viele meiner Freundinnen in neuen Bikinis. Da habe ich sie gefragt, was sie mit ihren alten Badesachen gemacht hätten. Ich erzählte ihnen von Ihren Kindern, und da hat mir die halbe Klasse alte Badehosen und Badeanzüge in allen möglichen Größen gebracht. Die schicken wir Ihnen nun mit vielen herzlichen Grüßen.«

Unterschrieben war der Brief einfach mit »Nicky«.

Oh, Nicky, wie ich wünschte, du hättest das Freudengeheul hören können, als die Kinder den Inhalt des Pakets sahen! Es dauerte einige Zeit, bis sie sich beruhigt hatten. Ich wünschte, du hättest zusehen können, wie sie in ihren bunten Badeanzügen über den Strand hüpften oder still den biblischen Geschichten lauschten oder sangen! Ich wünschte, du hättest das Staunen in ihren Augen sehen können, als wir ihnen erzählten, wie wir für Badesachen gebetet hatten!

Sicher hättest du dann gemerkt, daß sich all die Mühe, die du dir mit dem Paket gemacht hast, und die hohen Portogebühren gelohnt haben. Danke, Nicky!

Schlüsselvers

»Ich habe noch andere Schafe, die nicht zu diesem Schafstall gehören; auch die muß ich herbeibringen. Sie werden auf meine Stimme hören, und alle werden in einer Herde unter einem Hirten vereint sein« (Johannes 10,16).

Gebet

Vater im Himmel, manchmal habe ich den Eindruck, daß ich an bestimmten Stellen helfen sollte. Doch oft passiert es, daß ich es bald wieder vergessen habe.
Hilf mir, nicht nur zu merken, wo andere Menschen meine Hilfe brauchen, sondern auch wirklich zu helfen. Und hilf mir, nicht nur die Not in meiner Umgebung zu sehen, sondern einen Blick zu bekommen für die Not in aller Welt.

Zum Nachdenken
Wenn wir anderen helfen, merken wir selbst nicht immer, daß sich unser Einsatz gelohnt hat. Doch selbst die kleinste freundliche Tat kann sehr viel bewirken.

Die Wichtigkeit des Gebens
Bibeltext: Maleachi 3,10

35. Das weiße Huhn des Herrn

Die folgende Geschichte hat sich vor vielen Jahren in Syrien ereignet. Dort ließ sich in einem ländlichen Bezirk ein junges amerikanisches Ehepaar nieder und begann, die Gute Nachricht zu verkündigen. Die Hirten und Bauern, die in dieser Gegend wohnten, beteten zu Gott. Doch sie kannten weder die Bibel noch hatten sie je gehört, daß ihre Sünden vergeben werden konnten, weil Jesus für sie gestorben war. Über diese Botschaft konnten sie nur staunen, und Abend für Abend kamen sie müde, verschwitzt und schmutzig von ihren Feldern heim, setzten sich um Ralph herum und hörten ihm zu, wie er ihnen die Bibel erklärte. Viele glaubten an das, was sie hörten, und baten den heiligen Geist, in ihr Leben zu kommen. An einem Abend sprach Ralph über die große Liebe Gottes, der Jesus in die Welt sandte, und über die Liebe Jesu, der sein Leben für die Menschen gab. Da fragte jemand: »Aber was können *wir* denn geben, um Gott zu zeigen, daß wir ihn lieben?«

»Wir haben doch kaum Geld«, antworteten manche, »und das wenige, was wir haben, brauchen wir für Werkzeug und Saatgut. Wir alle leben doch vom Ertrag unserer Felder und von unseren Herden und sind arm. Im Winter haben wir manchmal nicht einmal mehr Brot für unsere Kinder. Was könnten wir Gott also geben?«

Ralph schlug das Buch Maleachi auf und las vor, wie Gott vor langer Zeit seinem Volk befohlen hatte, sie sollten den zehnten Teil von allem, was sie besaßen, für Gottes Werk geben. Doch dann wurden die Menschen habgierig und behielten alles für sich, deshalb mußte der Prophet Maleachi ihnen im Auftrag Gottes sagen: »Bringt den zehnten Teil eurer Ernte unverkürzt zu meinem Tempel, damit die Priester zu essen haben. Habt keine Sorge, daß ihr dann Mangel leidet! Nehmt mich beim Wort! Ihr werdet erleben, wie ich euch mit Segen überschütte!«

Die Zuhörer sahen einander an. »Ein Zehntel unseres Getreides, unserer Eier, unserer Früchte, unserer Herden?« fragten sie zweifelnd. »Und wenn wir dann nicht genug für uns selbst übrigbehalten?«

»Was steht in dem Vers?« fragte Ralph.

»Da steht, daß Gott uns mit Segen überschütten will ... Das klingt gut ... Aber ist es wahr?«

»Probiert's doch mal aus!« schlug Ralph vor.

Also versuchten sie es. Jeder brachte den zehnten Teil seines Ertrags zu Ralph, und der kaufte ihnen das entweder ab und lebte davon oder verkaufte es in der nahe gelegenen Stadt. Das Geld legte er zur Seite. Bald war genug zusammengekommen, daß sie Baumaterial kaufen und eine kleine Kirche bauen konnten, wo sie sich zum Gottesdienst trafen. Im ganzen Dorf herrschte helle Freude, und es fiel den Leuten leicht zu geben. Sie sehnten sich danach, auch in die Nachbardörfer zu gehen und dort von ihrem Retter zu erzählen. Doch sie konnten nicht von ihren Äckern und Herden weg. Da überlegten sie: Wenn wir weiter Geld sparen, können wir vielleicht einen aus unserer Mitte als unseren Botschafter in die Nachbardörfer aussenden.

Und so begann die kleine Kasse wieder zu wachsen.

Dann aber kam eine Dürrezeit, und die Gaben wurden weniger. Auch die Freude in der kleinen Gemeinde erlosch allmählich, und die Gemeindeleiter machten sich Sorgen.

Und noch jemand machte sich Sorgen. Auf einem kleinen Hof in der Nähe wohnte eine Witwe. Ihr Mann war an Typhus gestorben, und so stand sie nun mit ihren drei kleinen Kindern allein da. Das Leben war hart, doch sie hatte ein Stück Land, eine Ziege und etwa dreißig Hennen, und damit schlug sie sich recht und schlecht durch. Während des vergangenen Jahres hatte sie jedoch Christus kennengelernt, ihn in ihr Leben aufgenommen, und alles war anders geworden, seit sie mit all ihren Sorgen im Gebet zu ihm gehen konnte.

Es war ein Freudenfest, als sie eines Tages feststellte, daß ihre weiße Henne brütete. Sie wollte sogleich ein Ei für Gott zur Seite tun, doch dann dachte sie: »Es ist besser, ich gebe Gott ein Küken als ein Ei.«

Einige Zeit später schlüpften zehn wunderschöne gelbe Küken aus. Sie fing sofort eins davon und band ihm einen Wollfaden um ein Bein.

»Was machst du denn da?« fragte ihre neunjährige Tochter Mariam.

»Dieses Huhn gehört dem Herrn«, antwortete die Mutter. »Darauf müssen wir besonders gut aufpassen.«

Die Küken wuchsen heran, und Mariam hatte sie alle gern.

»Wann wirst du Gott sein Huhn geben, Mama?« fragte sie.

»Noch nicht, meine Tochter. Es soll noch etwas wachsen. Es ist besser, der Herr bekommt eine Henne als ein Küken.«

Bald bemerkten sie etwas Seltsames. Alle Küken wuchsen gesund und stark heran, doch das Huhn des Herrn war gesünder und kräftiger als alle anderen. Es war wirklich ein erstklassiges Huhn mit festem Fleisch und schneeweißen Federn. Mariam freute sich, denn sie fand es ganz richtig, daß Gott das schönste Huhn gehören sollte. Ihre Mutter aber war gar nicht begeistert. Auf dem Feld war in diesem Dürrejahr nur wenig gewachsen. Der Weizen stand schlecht, die Tomaten waren kümmerlich. Mit dem Huhn des Herrn hätte sie auf dem Markt einen ordentlichen Preis erzielen können.

»Wie konnte ich nur so dumm sein, ihm den Wollfaden ums Bein zu binden«, sagte sie sich mehrmals am Tag. »Herr Ralph hat vom zehnten Teil gesprochen. Das ist *ein* Huhn, und es ist doch ganz gleich, *welches.* Ich hätte dem Herrn doch auch das magere, dunkle Huhn da drüben geben können. Keiner hätte das je gemerkt.«

Die ganze Angelegenheit beschäftigte sie derart, daß sie an einem Sonntagmorgen zum Hühnerstall ging, den Wollfaden vom Bein des Huhns, das für Gott bestimmt war, löste und ihn dem mageren Huhn ans Bein band. Dann warf sie sich ihren Schleier über den Kopf, putzte ihre drei Kinder heraus und machte sich auf den Weg in den Gottesdienst in der neuen kleinen Kirche.

An diesem Sonntag feierten sie am Ende des Gottesdienstes Abendmahl. Ein syrischer Christ ging zu dem einfachen Holztisch, wo in Erinnerung an den Leib und das Blut des Herrn Jesus Christus Brot und Wein standen. Bevor er die Gemeinde einlud, nach vorn zu kommen und das Abendmahl zu nehmen,

stimmte er einen alten Choral an, der vom Englischen ins Arabische übersetzt worden war:

»Mein Leben gab ich für dich hin,
vergoß mein kostbares Blut,
um dich zu erlösen
und dir ewiges Leben zu schenken.
Ich habe mein Leben für dich gegeben –
was gibst du für mich?«

Jeder Choral endete mit dieser Frage. Doch bevor die Gemeinde das Lied ganz gesungen hatte, entstand auf einmal Unruhe in der Kirche. Die Witwe kam nach vorne. Sie hatte ihr Gesicht in den Händen vergraben, weinte und sagte irgend etwas, was man vor lauter Schluchzen nicht verstehen konnte. Sosehr die Leute sich auch bemühten, keiner konnte verstehen, was sie sagte. Nur vier Wörter, die immer wieder vorkamen, waren zu verstehen: »Das Huhn des Herrn! Das Huhn des Herrn!«

Mariam war es, die der Gemeinde schließlich erklären konnte, was mit ihrer Mutter los war. Sie vergaß alle Schüchternheit, rannte nach vorn und legte den Arm um ihre Mutter.

»Sie sagt: ›Wartet!‹«, flüsterte Mariam. »Wartet, bis sie zu Hause gewesen ist. Sie möchte dem Huhn des Herrn wieder den Wollfaden ans Bein binden. Sie sagt, sie kann das Brot und den Wein nicht nehmen, bevor sie das nicht erledigt hat.«

Niemand lachte darüber. Die Leute begriffen, was da geschehen war. Die Witwe hob ihr tränenüberströmtes Gesicht. »Er hat so viel für mich gegeben«, flüsterte sie. »Ich aber wollte ihm nur das Schlechteste geben. Wie kann ich da die Erinnerung an seinen Tod feiern? Wartet! Wartet bitte ... Ich will ihm das Beste geben.«

Jetzt standen andere schweigend auf. Gottes Geist wirkte an ihnen.

»Bruder Ralph«, sagte einer, »ich will auch nach Hause gehen. Ich habe den zehnten Teil meines Weizens nicht abgeliefert. Wie kann ich da feiern, was Jesus für mich getan hat?«

»Und ich«, murmelte ein anderer, »ich habe mich vor der Dürre gefürchtet. Seit vielen Wochen habe ich dem Herrn keine Milch mehr gegeben.«

»Brüder und Schwestern«, rief ein anderer, »ich bin dafür,

daß wir heute morgen das Abendmahl nicht feiern. Vielleicht müssen viele von uns erst einmal nach Hause gehen. Wir wollen uns heute abend wieder hier versammeln.«

Alle stimmten zu, und schweigend ging die Gemeinde auseinander.

An diesem Nachmittag hatte Ralph keine ruhige Minute. Die Gemeindeglieder standen mit ihren Gaben vor seiner Tür Schlange. Am Abend war die Kirche überfüllt. Freude und Jubel hatten wieder Einzug ins Dorf gehalten. Christus schien wieder nahe zu sein, und die Menschen waren glücklich. Auch Mariam und ihre Mutter erschienen zum Gottesdienst, und die Augen der Witwe glänzten vor Tränen, als sie sich an die Liebe ihres Herrn erinnerte, der alles für sie gegeben hatte. Gemeinsam sangen sie die letzte Strophe des Chorals:

»Herr, ich will mein Leben,
jeden einzelnen Augenblick,
für Gott, für andere, für den Himmel geben.
Nichts soll mich mehr an die Erde binden.
Du hast alles für mich gegeben,
jetzt gebe ich alles für dich.«

Und auf dem kleinen Bauernhof stolzierte das weiße Huhn des Herrn stolz hin und her. Um sein Bein trug es einen Wollfaden.

Schlüsselvers

»Denkt an die Worte des Herrn Jesus, der gesagt hat: ›Geben macht mehr Freude als nehmen‹« (Apostelgeschichte 20,35).

Gebet

Wir danken dir, unserem Vater im Himmel, für all das Gute, das du uns geschenkt hast und täglich schenkst. Wir danken dir, daß du deinen Sohn für uns in den Tod gegeben hast, damit wir in alle Ewigkeit bei dir sein können.
Mach uns bereit, die Gaben, die du uns anvertraut hast, mit anderen zu teilen.

Zum Nachdenken

Noch nie hat Gott es versäumt, die Menschen zu segnen, die ihm Opfer bringen – ihre Zeit, ihr Geld, Arbeit und Mühe, ja, zuweilen das Leben. Allerdings segnet Gott nicht immer unbedingt so, wie wir das erwarten.
Wer Gott etwas opfern will, muß dies umsonst und freiwillig tun, aus Liebe. Er muß es tun, ohne eine Belohnung zu erwarten. Und doch darf er darauf vertrauen, daß Gott ihn belohnen *wird* – zu seiner Zeit und auf seine Art und Weise.

Die Wichtigkeit eines reinen Gewissens
Bibeltext: 1. Johannes 1

36. Der Junge, der das Licht mied

Es war kurz vor Weihnachten. Endlich war der letzte Schultag des alten Jahres zu Ende, und Dave und Billy eilten nach Hause. Wie gerne wären sie vor den hell erleuchteten Schaufenstern stehengeblieben, doch es war schon spät. Hier in der Stadt waren die Straßenlampen angezündet, doch der Weg zu dem Bauernhof, auf dem sie wohnten, war unbeleuchtet und dazu noch voller Furchen und Pfützen. Dave und Billy wußten, daß sie sich beeilen mußten, wenn sie daheim ankommen wollten, bevor es völlig dunkel war.

»Nun komm schon, Billy!« rief Dave ungeduldig, doch der kleine Bruder fühlte sich wie im Märchenland. Wie angewurzelt blieb er vor der Schaufensterauslage eines Spielzeuggeschäfts stehen. Da, die Tankstelle unter der Lampe – so etwas wünschte er sich zu Weihnachten. Und dort, die Matchbox-Autos, die wären etwas für seinen Geschenkstrumpf! Er hatte Dave ganz vergessen, der an der Ecke wartete, wo sie von der Hauptstraße in den Weg abbogen, der zu ihrem Hof führte.

Plötzlich sah Dave etwas, was ihn wiederum Billy vergessen ließ. An der Straßenecke gleich neben ihm befand sich nämlich ein großer Marktstand, der sich unter einem ganzen Berg der herrlichsten Orangen bog, die im Licht der Straßenlampe golden leuchteten. Der Besitzer des Marktstandes hatte ihm den Rücken zugekehrt und malte eifrig eine Reklametafel für seine Jaffa-Orangen. Sonst war niemand in der Nähe. Es war kurz vor Geschäftsschluß, und die meisten Leute waren wohl schon zum Abendessen heimgekehrt. Der Orangenverkäufer wollte offenbar noch die Pendler abwarten, die mit dem späteren Zug aus der Stadt ankamen.

Dave stand jedenfalls ganz allein vor dem riesigen Berg köstlicher, leuchtender Orangen.

Vorsichtig griff er zu und ließ drei oder vier Orangen in seinen Schulranzen gleiten. Nichts passierte. Er stopfte vier Stück in seine Taschen. Keiner hatte etwas gesehen. Fünf weitere Orangen verschwanden in seinem Anorak. Alles blieb ruhig, und der Standbesitzer malte immer noch an seinem Schild und drehte sich nicht um. Dave konnte sein Glück kaum fassen.

Allerdings merkte er, daß er inzwischen sehr dick aussah, und je schneller er in die Dunkelheit des Feldweges eintauchte, desto besser. Dahinten kam auch Billy. Er war mit seinen Gedanken offensichtlich noch ganz bei den Matchbox-Autos, aber trotzdem . . . Dave rannte los zu den hohen Hecken und schwarzen Schatten. Hier würde keiner merken, wie dick er geworden war. Zu Hause wollte er sofort in die Scheune schlüpfen und dort seine Schätze verstecken. Dann könnte er, so oft er Lust hatte, sich in dem weichen, staubigen Heu eingraben und seine Orangen genießen. Na, das würde ein herrliches Weihnachtsfest geben!

In diesem Augenblick stieß Billy, der sich vor der Dunkelheit fürchtete, einen kleinen Freudenschrei aus. »Da! Sieh doch mal!« rief er. »Da kommt uns Papa mit einer Laterne entgegen!«

Billy rannte dem Vater begeistert entgegen. Dave erstarrte.

»Seid ihr's?« rief in diesem Augenblick der Vater. »Heute abend ist es so früh dunkel geworden. Da hab' ich gedacht, ich hole euch mit der Laterne ab, damit ihr nicht in den Pfützen landet. Komm, Dave, geh neben mir her!«

Dave drückte sich ängstlich und niedergeschlagen an der Hecke entlang. Damit hatte er nicht gerechnet. Das war ja schrecklich! Wie konnte er, die Taschen voller Diebesgut, seinem aufrichtigen, ehrlichen Vater unter die Augen treten? Billy hüpfte im Schein der Laterne fröhlich an der Hand seines Vaters. Alle Furcht war vergessen. Dave dagegen schlich hinter ihnen her.

»Was ist denn los, Dave?« rief sein Vater, der seine Söhne genau kannte. »Hast du was angestellt?«

»Dave ist heute ganz brav gewesen«, verteidigte Billy den Bruder. »Der Lehrer hat gesagt, er ist der beste Läufer der Klasse. Papa, weißt du, für meinen Geschenkstrumpf . . .«

»Dave, komm hierher ins Helle! Du wirst dahinten noch im Graben landen!«

»Es geht schon, Papa.«

»Jetzt sei doch nicht so stur, Dave! Was meinst du, wie deine Schuhe nachher aussehen . . .!«

»Ich will aber hier . . . Oh! . . . Au!« Dave war über eine Wurzel gestolpert und lag im nächsten Augenblick flach auf dem Boden. Aus seinen Taschen rollten Orangen in alle Richtungen, und die in seinem Anorak wurden zu Brei zerquetscht. Sein Vater war mit zwei großen Sätzen bei ihm und hob die Laterne hoch. Dave brach in verzweifeltes Schluchzen aus.

»Ach, so ist das!« stellte der Vater grimmig fest.

Er hob Dave auf und leuchtete ihn mit der Laterne ab. Seine Hände und Knie waren aufgeschürft, sein Mund war voller Schmutz, und die Unterlippe blutete. Er sah so unglücklich und ängstlich aus, daß der Vater sich fragte, ob er nicht schon genug gestraft wäre.

»Die hast du von Sam Smiths Stand geklaut?«

»J . . . jaa . . . aa«, schluchzte Dave.

»Du bist ein Dieb, Dave, und jetzt gehst du auf der Stelle zurück und bezahlst die Orangen!«

»Aber . . . aber . . . ich hab' doch gar kein Geld . . . und . . . und er ruft vielleicht die Polizei!«

»Vielleicht. Das liegt an ihm. Wenn Sam Smith die Polizei holt, hast du es nicht besser verdient. Hier hast du Geld, und jetzt gehst du sofort zurück, beichtest Sam, was du getan hast; und fragst ihn, wieviel ein Dutzend Orangen kosten. Billy und ich begleiten dich ein Stück weit und werden an der Ecke auf dich warten.«

Sam Smith war sehr überrascht, als ein ängstlicher, schmutziger Junge aus der Dunkelheit auftauchte und unter Schluchzen die ganze Geschichte erzählte. Er nahm das Geld und drohte Dave, wenn er ihn noch einmal bei so etwas erwische, würde er sofort die Polizei holen.

Und dann war plötzlich alles vorüber. Natürlich mußte Dave den Betrag von seinem Taschengeld zurückzahlen. Aber irgendwie erschien ihm das gar nicht so schlimm. Die Orangen waren bezahlt, und Sam Smith und sein Vater hatten ihm vergeben. Im

Schein der Laterne humpelte er den Weg entlang. Zwar mußte er noch ein paarmal seufzen, und alle möglichen Knochen taten ihm weh. Aber sein Vater hatte den Arm um ihn gelegt und half ihm über die Pfützen hinweg.

»Tu so etwas nie wieder, Dave«, sagte der Vater. »Weißt du, es lohnt sich einfach nicht.«

Und Dave drückte sich an seinen Vater und schwor sich, daß er so etwas nie, nie wieder tun würde.

Wenn wir sündigen, können wir nicht mit Jesus im Licht gehen. Wenn dir ein Unrecht einfällt, das du getan hast, dann bekenne es Gott ganz schnell und bringe es in Ordnung. Gott vergibt dir, du bist wieder rein und hast wieder Freude daran, mit Jesus und bei Jesus im Licht zu sein.

Schlüsselverse

Jesus hat gesagt: »Ich bin als Licht in die Welt gekommen, damit jeder, der mir vertraut, nicht im Dunkeln bleibt« (Johannes 12,46).
»Das Licht ist in die Welt gekommen, aber die Menschen hatten die Dunkelheit lieber als das Licht; denn ihre Taten waren schlecht« (Johannes 3,19).
»Leben wir aber im Licht, so wie Gott im Licht ist, dann sind wir miteinander verbunden, und das Blut, das sein Sohn Jesus für uns vergossen hat, befreit uns von jeder Schuld« (1. Johannes 1,7).

Gebet

Herr, hilf mir, damit ich niemals eine geheime Sünde zwischen dich und mich kommen lasse.
Ich möchte mit Jesus im Licht gehen, wo ich nichts zu verstecken habe.
Hilf mir, eng mit Jesus verbunden zu bleiben. Erinnere mich daran, dir immer wieder meine Sünden zu bekennen, damit du sie mir vergeben kannst.

Zum Nachdenken

Keine Sünde ist zu klein oder zu groß für Gottes vergebende Liebe.

Die Wichtigkeit der christlichen Gemeinschaft
Bibeltext: 1. Korinther 12

37. Aus dem Feuer

In einem Ferienlager war Jonathan Christ geworden, doch er hatte das Gefühl, in seinem Leben als Christ nicht recht vorwärtszukommen. Am Anfang war er so glücklich gewesen. Mit Freuden hatte er seine Bibel und die Bibellesehilfe gelesen, und er hatte sich ein Leben ohne Beten gar nicht mehr vorstellen können. Alles war neu und aufregend gewesen. Zu Hause war er viel hilfsbereiter geworden, und seine Eltern, aber auch seine Klassenkameraden kamen viel besser mit ihm aus. Er war freundlicher und konnte auch seine Zunge besser im Zaum halten.

Aber das hielt nicht an. Der Winter kam, morgens war es noch kalt im Zimmer, und so fiel es Jonathan immer schwerer, rechtzeitig aufzustehen. Das tägliche Bibellesen fand er immer langweiliger, und das Beten fiel ihm immer schwerer. In der Schule hatte er sich mit einem Jungen angefreundet, der über das Christsein spottete, und Jonathan hatte nicht den Mut, sich zu Jesus zu bekennen. Innerlich aber fühlte er sich immer elender. Hatte er sich das, was er da in dem Ferienlager erlebt hatte, vielleicht nur eingebildet?

Am liebsten hätte er seinen ganzen Glauben an den Nagel gehängt. Doch eines wollte er noch machen: Er beschloß, einen alten Mann zu besuchen, den Großvater der Brüder, die Jonathan zu der Freizeit eingeladen hatten. Jonathan hatte ihn einmal in einer Kirche predigen hören. Da hatte er irgendwie gespürt, daß dieser Mann Gott wirklich kannte und mit ihm lebte. Ihm wollte er sich nun mit seinen Problemen anvertrauen. Er rief ihn an und wurde zum Tee eingeladen.

Er war ziemlich nervös, als er mit dem Fahrrad am Gartentor ankam. Was sollte er sagen? Gab es überhaupt etwas zu sagen?

Der alte Herr hieß ihn herzlich willkommen. Er zog zwei Sessel an einen altmodischen Kohleofen, und seine Frau servierte ihnen Tee. Durch die Wärme und den heißen, butterbestrichenen Toast aufgetaut, stellte Jonathan fest, daß er sehr gut mit dem alten Mann über seine Probleme sprechen konnte. Während ihrer Unterhaltung fragte der alte Mann ihn plötzlich:

»Wie ist das denn mit deiner Kirche? Die Leute von der Gemeinde sollten dir doch eigentlich helfen und für dich beten. Hast du deswegen schon mit deinem Pastor gesprochen?«

Jonathan blickte verlegen zu Boden. »Ehrlich gesagt«, meinte er schließlich, »ich gehe nicht oft zur Kirche. Meine Eltern gehen nur an Weihnachten und zu Ostern zum Gottesdienst, und ich habe sonntags immer eine Menge zu tun. Die ganze Woche über muß ich für die Schule arbeiten, und da will ich wenigstens an den Wochenenden machen, was mir Spaß macht. Ich war aber schon ein- oder zweimal in einem normalen Gottesdienst und hab' ihn ziemlich langweilig gefunden. Da versuche ich lieber, sonntags ein bißchen mehr in der Bibel zu lesen, und manchmal gehe ich spazieren und versuche dabei zu beten. Nein, um die Kirche habe ich mich bisher nicht so viel gekümmert.«

Der alte Mann schien nachzudenken. Dann nahm er die Kohlenzange, beugte sich vor, holte eine glühende Kohle aus dem Ofen und legte sie vorsichtig auf die Metallumrandung des Ofens. »Nun paß mal auf die Kohle auf«, sagte er ruhig, »und dann sag mir, was damit passiert!«

Jonathan starrte auf das glühende Stück Kohle und sah, wie die Glut immer schwächer wurde. Aus dem Rot wurde ein mattes Grau, die Leuchtkraft nahm ab, die eben noch heiße Kohle erkaltete. Der alte Mann nahm das Stück wieder mit der Zange auf und legte es in die Flammen zurück. »Paß weiter auf!« sagte er.

Das glanzlose graue Stück wurde erneut entfacht und brannte inmitten des Feuers wieder mit hellem Schein.

Der alte Mann erklärte Jonathan, Gott habe die Christen nicht als Einzelgänger gemeint. So wenig wie ein Soldat allein eine Schlacht schlagen oder eine Hand oder ein Fuß ohne den übrigen Körper funktionieren könne, so wenig könne ein Christ ohne die anderen Christen auskommen. »Der Soldat gehört zu einer Armee«, sagte er, »und die Hand gehört zum Körper. Wenn du Christ wirst, gehörst auch du zu einem Körper – nämlich zu einer Gemeinde. Gemeinde, das sind Menschen, die Jesus lieben und sich in aller Welt an den verschiedensten Orten treffen, um Gott anzubeten und ihm zu dienen. Wenn du allein bleibst, läufst du Gefahr, zu erkalten. Wenn du dich jedoch regelmäßig mit anderen Christen triffst, mit ihnen zusammen lernst, dich ihnen öffnest, mit ihnen betest, dann wird dein Glaube gestärkt, deine Liebe wird wachsen, und dein Licht wird scheinen.«

Als Jonathan an diesem Abend mit seinem Fahrrad nach Hause fuhr, da beschloß er, vom nächsten Sonntag an regelmäßig in seine Kirche zu gehen, wo die Leute Jesus liebten, gemeinsam lernten und miteinander beteten. Ihm war klargeworden, daß er ins Feuer zurück mußte.

Manche Leute sind geselliger als andere. Vielleicht bist du von Natur aus eher ein Einzelgänger und fühlst dich deshalb in einer Gruppe von Menschen schüchtern und unwohl. Dennoch ist es für dein Leben als Christ wichtig, daß du zu irgendeiner christlichen Gruppe gehörst – zu einer Jugendgruppe, Sonntagschule, einem Bibelkreis usw. Vielleicht wird dir das am Anfang nicht ganz leichtfallen, und es dauert ein paar Wochen, bis du dich wirklich wohl fühlst. Doch wenn du nicht aufgibst, wirst du sicher Menschen finden, mit denen du dich anfreunden kannst. Schließlich hast du viel mit ihnen gemeinsam – vor allem den Glauben an Jesus, aber auch viele Fragen, Probleme und Freuden. Du wirst Hilfe bekommen und anderen helfen können.

Schlüsselverse
»Einige haben sich angewöhnt, den Gemeindeversammlungen fernzubleiben. Das ist nicht gut; vielmehr müßt ihr einander Mut machen!« (Hebräer 10,25)
Ein Gebet Jesu: »Ich bete darum, daß sie alle eins seien. So wie du in mir bist und ich in dir, Vater, so sollen auch sie in uns eins sein! Dann wird die Welt glauben, daß du mich gesandt hast« (Johannes 17,21).

Gebet
Vater, ich bitte dich für meine Kirche und für alle, die dort lehren und predigen. Hilf mir, treu und regelmäßig zu den Gottesdiensten zu gehen, und hilf mir, den Sonntag richtig zu verbringen und mich daran zu erinnern, daß es dein besonderer Tag ist. Ich möchte dich gern von Woche zu Woche immer besser kennenlernen. Bitte zeige mir auch, wie ich in meiner Gemeinde mitarbeiten kann.

Zum Nachdenken
Wenn du dich einer Gemeindegruppe anschließt, denke daran, daß du nicht nur selbst Gewinn davon haben wirst, sondern daß auch du anderen helfen kannst.

IX. Gott vertrauen – in guten und in schlechten Tagen

Gott sorgt für seine Kinder
Bibeltexte: Psalm 27; Psalm 91

---

38. Die Streichholzschachtel und die Münze

Es geschah in einem Land, in dem die Christen mißhandelt und verfolgt wurden. Ein zwölfjähriges Mädchen wäre gern Christ geworden, aber es hatte Angst, was dann mit ihm passieren würde. »Wenn ich Jesus nachfolge, kann ich dann sicher sein, daß er mich beschützen wird?« fragte sie.

Da nahm ihre Freundin eine leere Streichholzschachtel und steckte eine Münze hinein. »Sieh mal«, sagte sie, »die Schachtel ist wie dein Körper, die Silbermünze wie dein Geist und deine Seele. Wenn ich die Streichholzschachtel auf den Boden werfe, was passiert dann mit der Silbermünze?«

»Nichts, sie wird ganz bleiben.«

»Und wenn ich die Schachtel in meiner Hand zerquetsche?«

»Dann ist die Schachtel eben kaputt, aber der Münze passiert nichts.«

»Und wenn ich sie ins Feuer werfe?«

»Dann wird die Streichholzschachtel verbrennen, aber ich denke nicht, daß der Münze etwas zustoßen wird. Die kann man bestimmt wieder aus dem Feuer herausholen.«

»Was meinst du – was von beidem ist wohl wertvoller und wichtiger?«

»Natürlich die Silbermünze.«

»Genauso kannst du dich mit Körper, Seele und Geist Tag für Tag Jesus anvertrauen. Ja, dein Körper wird manchmal verletzt werden, und eines Tages wird er sterben. Aber das *wahre* Du, das, was am wichtigsten von dir ist, das wird niemals sterben.

Das Leben mit Jesus ist nicht immer einfach. Aber Jesus hat versprochen, daß du heil und sicher bei ihm ankommen wirst.«

Jesus, unser Herr, kann uns bewahren und beschützen. Niemand kann uns von ihm trennen, und auch unseren Körper kann nichts verletzen, ohne daß Gott es in seiner Liebe zuläßt.

Schlüsselverse

(Jesus sagte:) »Dies alles habe ich euch gesagt, damit ihr in meinem Frieden geborgen seid; denn in der Welt wird man euch hart zusetzen. Verliert nicht den Mut: Ich habe die Welt besiegt!« (Johannes 16,33)
»Und geht es auch durchs dunkle Tal – ich habe keine Angst! Du, Herr, bist bei mir; du schützt mich und führst mich, das macht mir Mut« (Psalm 23,4).

Gebet

Herr, ich weiß, daß du meine ganze Liebe und Treue willst. Ich weiß auch, daß du es gut mit mir meinst.
Aber ich habe Angst.
Ich fürchte mich vor Schmerzen und Leid. Ich fürchte mich davor, anders als die anderen zu sein.
Bitte hilf mir, dir mehr zu vertrauen und wirklich zu glauben, daß mir nichts zustoßen kann, was du in deiner Liebe nicht zuläßt.

Zum Nachdenken

Wie sehr schwankt dein Glaube an Gott und deine Liebe zu ihm? Hängen sie davon ab, ob es dir gut- oder schlechtgeht?
Welche Auswirkungen hätte es auf dein Vertrauen zu Jesus, wenn in deinem Leben oder in deiner Familie ein Unglück geschähe?

Auf Gottes Fürsorge trauen
Bibeltext: Psalm 31,1–5

39. Der Wächter, den sie nicht zu töten wagten

Er hieß Upton Westcott und ging vor fast hundert Jahren nach Zaire, um den Menschen dort die Gute Nachricht zu bringen. Das waren damals noch wilde Menschenfresser. Jahre später starb seine Frau an Sumpffieber, und Upton wurde blind. Doch er blieb weiter in Zaire und leitete die große und blühende Missionsgesellschaft, die inzwischen aus seiner Arbeit entstanden war. Er starb in dem Land, dessen Menschen er so sehr liebte.

Während einer seiner seltenen Besuche in seiner alten Heimat England erzählte er folgende Begebenheit. Er war zu der Zeit schon ein alter, weißhaariger Mann, doch er ging so aufrecht und sicher, daß man ihm seine Blindheit nicht anmerkte. Seine Augen schienen auf die längst vergangenen Jahre zurückzublicken, als er noch ein junger Mann gewesen war.

Er und seine Freunde hatten damals ihre Zelte bei einer Gruppe von Hütten in der Nähe eines Sees aufgeschlagen. Er war herrlich anzusehen, doch wimmelte es darin von Nilpferden und Krokodilen. Gleich hinter ihrem Zelt ragte die geheimnisvolle grüne Urwaldmauer empor. Die Dorfbewohner waren freundlich und brachten ihnen Bananen und andere Früchte. Wenn sie abends mit ihrer Arbeit fertig waren, kamen sie zu den Fremden, setzten sich zu ihnen ans Lagerfeuer und hörten zu, was die jungen Männer ihnen erzählten. Nach und nach erkannten einige von ihnen, daß die Botschaft von Gottes Liebe und vom ewigen Leben, das er schenken will, auch ihnen galt. Einer nach dem andern nahmen sie Jesus Christus als ihren Herrn an, legten ihre heidnischen Bräuche ab und begannen, als Nachfolger Jesu zu leben – aufrichtig, im Frieden mit ihren Nachbarn und liebevoll füreinander besorgt.

Diese frühen afrikanischen Christen waren sehr mutig. Zeitlebens waren sie von bösen Geistern verfolgt worden, und sie konnten kaum glauben, daß der liebende Vater im Himmel, den sie gerade erst kennengelernt hatten, sie wirklich beschützen konnte. Einen Zauberdoktor hatten sie besonders gefürchtet. Seine Zauberkraft wirkte angeblich im weiten Umkreis. Man berichtete, er sei sehr wütend geworden, als er erfahren habe, daß sein Volk sich dem wahren und lebendigen Gott zuwandte. Nun warteten alle gespannt darauf, wie er sich rächen würde.

Es war kurz vor dem Abendessen. Die unterschiedlichsten Düfte zogen durch den Kral, denn über den offenen Feuern kochte und brodelte es in vielen Tontöpfen. Auch Upton und seine Freunde waren dabei, ihr Essen zuzubereiten, da sahen sie plötzlich einen Jungen am Rand des Dschungels stehen, der ihnen furchtsam winkte. Sie gingen zu ihm hinüber, um mit ihm zu sprechen. Er zitterte, und in seinen Augen stand die Angst.

»Ich bin gekommen, um euch zu warnen«, flüsterte er. »Ihr müßt heute nacht fliehen. Mein Vater wird euch helfen. Er hat schon ein Kanu bereitgemacht, und ihr müßt unten am Bach sein, bevor der Mond aufgeht. Mein Vater sagt, das ist eure einzige Chance.«

»Aber warum sollten wir fliehen? Wer will uns denn etwas antun?«

»Der große Zauberdoktor. In dieser Nacht wird er seine Mörder losschicken. Sie werden euch in der Stunde der größten Finsternis mit Speeren angreifen. Ihr könnt ihnen nicht entkommen.«

Die drei Missionare berieten sich kurz. Sie hatten ein Gewehr, mit dem sie wilde Tiere erlegten. Sollten sie nun damit Menschen töten? Nein, das kam nicht in Frage. Und wenn ihr Zelt von Speerwerfern umzingelt würde, nutzte ihnen das Gewehr ohnehin nichts. Vor allem aber hatten sie den Männern und Frauen im Dorf verkündet, sie könnten und sollten sich auf Gottes Schutz verlassen. Da konnten sie als Missionare doch nicht davonlaufen! Wohin auch?

Upton wandte sich an den wartenden Jungen.

»Wir lassen deinem Vater herzlich danken«, sagte er. »Aber richte ihm aus, daß unser Gott uns nicht geboten hat zu fliehen. Wir wollen auf seine Bewahrung vertrauen und abwarten, was passiert.«

Der Junge rannte fort, und die drei aßen wie gewöhnlich ihr Abendessen. Bald brach die tropische Nacht herein. Noch nie hatten sie das Rascheln von Schlangen und Vögeln im Laub und das leise, entfernte Plappern so deutlich wahrgenommen. Die drei Missionare beschlossen, erst einmal am Eingang ihres Zeltes sitzen zu bleiben, zu beten und zu warten.

Der Mond ging auf und tauchte die Welt in sein silbernes Licht, doch die drei verspürten kein Verlangen, sich im Zelt schlafen zu legen. Sie wollten lieber ihre Feinde sehen und im Freien den Tod finden, als wie Ratten in einer Falle umzukommen. Ihr Gewehr hatten sie im Zelt liegenlassen. Sie hatten ja beschlossen, es nicht zu benutzen. Vielleicht hatten sie dabei an Stephanus gedacht, der ja auch nicht mit einem Gewehr im Arm gestorben war, sondern mit Jesus vor Augen.

Die ganze Nacht warteten sie unter den leuchtenden tropischen Sternen. Dann verschwand der Mond. Die kalte, unheimliche Stunde brach an, in der die Nebelschwaden vom See aufstiegen und die Welt verhüllten. Kamen die Mörder jetzt?

Nein, es kam niemand. Die Sonne ging auf. Die müden jungen Männer, die nicht damit gerechnet hatten, noch einmal einen Sonnenaufgang zu erleben, beobachteten mit ganz neuen Augen, wie sich die Nebelschwaden lichteten. Dann ertönten die ersten Stimmen beim Brunnen, brennendes Holz knisterte, aus den ersten Hütten stieg Rauch auf. Noch nie war den Männern das Leben so schön vorgekommen! Sie krochen in ihr Zelt und schliefen sofort ein. Eine Weile später kam die kleine Gruppe von Christen herbeigeschlichen. Sie spähten ängstlich zum Zelteingang hinein, und dann lobten sie Gott voller Staunen. Sie hatten erfahren, was in dieser Nacht geschehen sollte, und hatten schon getrauert, als hätten sie ihre Väter verloren. Doch da lagen ihre drei Lehrer und schliefen friedlich! Das mußte die Hand des Herrn sein, der sie beschützt hatte.

Monate vergingen, und als die Leute sahen, daß denen, die die Geister nicht mehr anbeteten, nichts Schlimmes zustieß, wurden auch andere mutiger. Auch sie wollten ihr altes Leben, in dem die Furcht regierte, gegen das Leben der Liebe und Freiheit eintauschen, das die Christen gefunden hatten. Der alte Zauberdoktor schien seine Kraft verloren zu haben. Die einen sagten, er sei zu alt geworden. Andere behaupteten, die Geister hätten ihn verlassen. Doch was auch der Grund sein mochte, die Menschen fürchteten ihn jedenfalls nicht mehr so wie früher.

Wie überrascht war Upton jedoch, als eines Tages der alte Zauberdoktor mit herabhängendem Kopfputz und baumelnden Affenschwänzen in seinem Zelteingang kniete. Nach vielen Verbeugungen betrat er das Zelt, und dann erst sah Upton, wie schwach und hohläugig er aussah. »Ich möchte mehr über den lebendigen Gott hören«, sagte er ohne lange Einleitung.

Sie unterhielten sich lange. Upton sprach von Sünde und Buße, und der alte Mann fühlte sich offenbar immer unwohler in seiner Haut. Da war so viel Sünde in seinem Leben. Eine Sünde belastete ihn besonders schwer.

»Bekenne sie! Gott wird sie dir vergeben«, versprach Upton.

So erzählte der Zauberdoktor von seinem finsteren Plan. Es sei in der Nacht des Vollmondes gewesen, da habe er seine Männer mit Speeren bewaffnet losgeschickt und ihnen den Auftrag gegeben, die drei Missionare zu töten. Doch sie waren mit sauberen Speeren zurückgekehrt. Sie hatten kein Blut vergossen.

»Aber warum denn nicht?« fragte Upton. »Wir waren doch unbewaffnet. Niemand hätte sie aufhalten können.«

»Weil vier bei eurem Zelt waren«, erklärte der Zauberdoktor. »Ich hatte meinen Leuten den Auftrag gegeben, drei Männer zu töten, nicht vier. Sie konnten aber nicht erkennen, wer wer war. So warteten sie, bis sich die Nebelschleier hoben, doch der vierte Mann ging einfach nicht weg. Mein Freund, wer war dieser Mann, der die ganze Nacht im Mondschein bei euch saß?«

Diese Frage konnte Upton nicht beantworten. Hatte der Herr selbst sich zu ihnen gesetzt? Hatte er seinen Engel gesandt? Er wußte es nicht. Ihm genügte es, daß sie den nächsten Morgen erlebt hatten und daß der alte Zauberdoktor sich nun dem Licht Jesu Christi zuwandte.

Schlüsselverse

»Alle, die dem Herrn gehorchen, umgibt sein Engel mit mächtigem Schutz und bringt sie in Sicherheit« (Psalm 34,8).

»Und geht es auch durchs dunkle Tal – ich habe keine Angst! Du, Herr, bist bei mir; du schützt mich und führst mich, das macht mir Mut« (Psalm 23,4).

Gebet

Danke, Herr, daß du ständig über mir wachst, den ganzen Tag und die ganze Nacht: Wenn ich spiele, klettere und schwimme, wenn ich auf der Straße unterwegs bin.

Danke für all die Zeiten in meinem Leben, in denen du mich in Krankheiten oder Gefahren bewahrt hast.

Bewahre in deiner Liebe und Macht all diejenigen, die heute in Gefahr sind:

Alle, die in einem Land leben, wo Krieg herrscht;

alle, die zu Unrecht im Gefängnis sind;

alle, die leiden oder verfolgt werden, weil sie Christen sind.

Laß sie wissen, daß nichts sie von der Liebe Christi trennen kann, was auch geschehen mag. Überwinde mit deiner Liebe ihre Furcht. Tröste sie und stärke sie. Gib ihnen heute Frieden und Mut.

Zum Nachdenken

Es ist leicht, Gott in guten Zeiten zu vertrauen und ihn zu loben.

Viel schwerer ist es, ihn inmitten von Schwierigkeiten oder Leid zu preisen und ihm zu vertrauen. Doch über dieses Vertrauen freut sich Gott ganz besonders.

Gottes Fürsorge für seine Kinder – Führung in Krisenzeiten
Bibeltext: Matthäus 10,16–42

40. Der unbezwingbare Hügel

Die folgende wahre Geschichte hat sich in dem afrikanischen Land Rwanda ereignet. Dort herrschte vor etwa zwanzig Jahren Bürgerkrieg. Die Angehörigen eines Stammes kämpften gegen einen anderen Stamm. Mit Äxten, Hacken und Messern bewaffnet, zogen sie durch das Land, mordeten und brannten ganze Dörfer nieder.

Hinter den Mauern des auf einem Hügel gelegenen Missionskrankenhauses standen der afrikanische Pastor und seine Frau sowie die beiden englischen Krankenschwestern, Doreen und Jo, vor einer schwierigen Entscheidung. Wenn sie über die Ebene blickten, sahen sie in der Ferne überall Rauchsäulen emporsteigen. Sie verbrachten eine unruhige Nacht und erwachten lange vor Sonnenaufgang. Da sahen sie rings um den Fuß ihres Hügels Flammen lodern und wußten, daß die Mörder sehr nahe waren.

Sollten sie die Flüchtenden aus den brennenden Kralen aufnehmen oder nicht? Wenn sie das taten, würden die bewaffneten Rebellen das bestimmt als feindliche Handlung auffassen. Sie würden dann vielleicht den Hügel stürmen und nicht nur unter den Flüchtlingen ein Blutbad anrichten, sondern wahrscheinlich auch unter den Patienten und dem Personal des Krankenhauses. Wenn sie andererseits die Flüchtlinge zurückwiesen, bedeutete dies den sicheren Tod von etwa dreihundert angsterfüllten Menschen, die gerade den Hügel heraufschwärmten, ihre Kinder und ihr weniges Hab und Gut, das sie aus den Flammen hatten retten können, auf dem Rücken. Konnten sie als christliches Krankenhaus ihre Türen vor diesen Leuten verschließen? Nein, fanden sie, das durften sie nicht. Und so waren bald das Wohnhaus, das Spital und die Kirche bis in den letzten Winkel mit erschöpften, weinenden Menschen erfüllt.

Jetzt befanden sie sich in höchster Gefahr. Sie beriefen eine

Mitarbeiterversammlung ein. Dabei wurde beschlossen, daß der afrikanische Pastor und Jo am Abend, sobald es dunkel geworden war, mit dem Auto losfahren und versuchen sollten, irgendwo und irgendwie Hilfe zu bekommen. Edreda, die Frau des Pastors, und Doreen sollten im Spital bleiben und für Ruhe und Ordnung sorgen. Gemeinsam beteten sie um Gottes Bewahrung für die zwei im Auto, um Weisheit für die beiden Zurückbleibenden und Gottes Bewahrung für die verängstigten Menschen im Krankenhaus.

Im Laufe des Tages stieß Doreen auf ein kleines Bild, das ihr kürzlich jemand geschenkt hatte. Es stellte eine Schafherde mit schwarzen und weißen Schafen dar, die von einem wütenden Wolf bedroht wurden. Er hatte sich schon zum Sprung geduckt. Doch er wurde von einer durchbohrten Hand festgehalten, und diese Hand bot den Schafen allen Schutz, den sie brauchten.

Kurz nach Einbruch der Dunkelheit fuhr der Wagen los. Er mußte sich einen Weg zwischen brennenden Häusern und umherstreifenden Rebellengruppen suchen. Doreen war den ganzen Tag über damit beschäftigt, all die vielen Menschen zu beruhigen und zu versorgen. Am Abend fiel sie todmüde ins Bett. Als sie am nächsten Morgen erwachte, lief sie sogleich zum Fenster. Tatsächlich: Am Fuß des Hügels sammelten sich die Rebellen, um das Krankenhaus zu stürmen.

Doreen wußte nicht, was sie tun sollte. Würde es etwas nützen, den Aufständischen gut zuzureden? Sie wollte es wenigstens versuchen. Sie unterredete sich kurz mit Edreda, und dann gingen sie gemeinsam den Hügel hinab, den Angreifern entgegen. Die hielten überrascht inne, vom Mut der beiden Frauen völlig überrascht.

Doreen sprach sie an. Sie versicherte ihnen, sie seien nicht ihre Feinde, und es sei ihre einzige Aufgabe, Menschen zu heilen und ihnen von der Liebe Gottes zu erzählen. Der Anführer der Rebellen entgegnete ihr höflich, aber bestimmt, das sei ja alles schön und gut, doch das Spital beherberge Feinde. Wenn ihnen bis zum Einbruch der Nacht nicht bestimmte Männer ausgeliefert worden seien, dann würden sie die Missionsstation angreifen, die Flüchtlinge gefangennehmen und die Gebäude in Brand setzen.

Doreen hatte den Eindruck, daß die Stimme, mit der sie nun antwortete, gar nicht ihr selbst gehörte. Erstaunt hörte sie sich furchtlos sagen: »Sie werden diesen Hügel nicht heraufkommen können. Es ist Gottes Hügel.«

Einen Augenblick lang herrschte betroffenes Schweigen. Dann trat ein junger Mann, in dessen Augen glühender Haß loderte, ganz nah vor Doreen hin und schrie ihr ins Gesicht: »Es gibt keinen Gott, Mademoiselle!«

»Und ob es Gott gibt!« hörte sie sich sagen. »Und ihr werdet sehen: Er wird nicht zulassen, daß ihr diesen Hügel hinaufsteigt. Er wird uns beschützen.«

Es entstand ein wütendes Gemurmel, und einige Männer wollten an den beiden Frauen vorbeistürmen. Doch dann stoppten sie auf einmal, als würden sie von einer unsichtbaren Hand aufgehalten. Doreen wußte, was das für eine Hand war. Sie nickte Edreda zu, und sie wandten sich um und stiegen allein den Hügel hinauf. Aber die Gefahr war noch nicht vorüber. Im Spital scharte Doreen die Flüchtlinge um sich und erzählte ihnen von den Drohungen. Sie riet so vielen wie möglich, sich nach Einbruch der Dunkelheit möglichst unauffällig davonzuschleichen und sich zur Grenze nach Uganda durchzuschlagen. Dann beteten alle miteinander, und eine große Stille legte sich über die unruhige, verängstigte Menge, als sie erneut Gott um seine Bewahrung anflehten. Bald darauf wurde diese Stille durch das Prasseln von Regentropfen auf den Wellblechdächern unterbrochen. Dann rauschte der Regen in Strömen herab. Im Nu hatte sich der Abhang des Hügels in eine einzige Schlammwüste verwandelt, so daß die Rebellen gar keinen Massenangriff mehr unternehmen konnten. Viele der Flüchtlinge begannen vor Freude zu singen.

Später am Abend keuchte ein über und über mit Schmutz bedeckter Geländewagen durch die Schlammfluten und die Dunkelheit die Straße herauf. Der Pastor und Jo waren durchgekommen und hatten die Miliz alarmieren können. Die war schon im Anmarsch. Für den Augenblick waren sie also in Sicherheit, und ein paar Tage später wurden die Flüchtlinge in Regierungslastwagen über die Grenze nach Uganda und damit in Sicherheit gebracht.

Schlüsselverse
Eine Verheißung für Zeiten, wo wir nicht wissen, wie wir uns verhalten sollen:
»Wenn aber einer von euch nicht weiß, was er in einem bestimmten Fall tun muß, soll er Gott um Weisheit bitten. Gott wird sie ihm geben, denn er gibt gern und teilt allen großzügig aus« (Jakobus 1,5).
Eine Verheißung für Gelegenheiten, bei denen wir plötzlich nach unserem Glauben gefragt werden:
»Wenn sie euch vor Gericht stellen (um euch wegen eures Glaubens zu verhören), so macht euch keine Sorgen, was ihr sagen sollt oder wie ihr es sagen sollt. Es wird euch in dem Augenblick schon eingegeben werden. Nicht ihr werdet dann reden, sondern der Geist eures Vaters wird aus euch sprechen« (Matthäus 10,19.20).

Gebet
Herr, wenn ich in schwierigen Situationen bin und nicht weiß, wie ich mich verhalten soll, dann gib mir deine Weisheit.
Wenn ich Gelegenheit habe, von dir zu sprechen, und nicht weiß, was ich sagen soll, gib mir deine Worte.
Laß mich ganz eng mit dir verbunden bleiben, damit ich mir von dir geben lassen kann, was ich brauche. Danke, daß du immer da bist.

Zum Nachdenken
Gottes Schwäche ist stärker als die größte menschliche Macht.
Wieso läßt Gott aber dann zu, daß wir manchmal nicht mit Schwierigkeiten fertig werden und Enttäuschungen erleben? Und weshalb müssen unschuldige Menschen leiden?
Ich besuchte einmal eine Teppichmanufaktur und sah zu, wie Kinder, im Schneidersitz sitzend, die weltberühmten Teppiche webten. Neben ihnen lag ein Haufen von leuchtendbunten Fäden und ein anderer Haufen von dunklen Fäden. Die bunten Fäden sahen viel schöner aus, doch die flinken kleinen Finger verarbeiteten beide Sorten. Als ich um den Webstuhl herumging und sah, wie dort nach und nach das wunderbare Muster entstand, begriff ich, warum das so war. Ohne den dunklen Hintergrund wären die leuchtenden Fäden gar nicht zur Geltung gekommen!

Alles wirkt zum Guten mit
Bibeltext: Römer 8,28

41. Das hellere Licht

Wie viele Hirtenjungen mag sich auch Mikhail nach Reichtum und Abenteuern gesehnt haben. Das Leben eines Hirten in den Bergen des Libanon ist nicht sehr abwechslungsreich. Doch Mikhail wurde gebraucht, um die Herde jeden Morgen auf die Weide zu treiben, sie während der langen Stunden des Tages zu hüten und abends wieder nach Hause zu treiben. So verbrachte der Junge einen großen Teil seiner Kindheit, und wahrscheinlich hätte sich daran für den Rest seines Lebens nicht viel geändert, wenn nicht etwas Besonderes passiert wäre.

Es war ein ganz gewöhnlicher Tag. Mikhail wanderte etwas umher, während seine Herde friedlich graste, da entdeckte er einen glatten, glänzenden Gegenstand halb unter Blättern und Gras verborgen. Er bückte sich, um genauer nachzusehen, was das war. War das etwa ein glatter Stein? Er hob den Gegenstand auf, und was dann geschah, daran konnte er sich später nicht mehr erinnern. Er hatte eine Granate in die Hand genommen, die nicht explodiert war. Das nächste, was er wahrnahm, waren schreckliche Schmerzen und Dunkelheit. Um ihn herum schienen viele Menschen hin und her zu eilen, doch Mikhail sah sie nicht. Um ihn war nichts als Finsternis.

Als er schließlich wieder ganz zu sich gekommen war und klar denken konnte, merkte er, daß er in einem Krankenhaus lag. Und nach und nach begriff er, daß er den Rest seines Lebens in völliger Dunkelheit verbringen würde, weil die Granate seine beiden Augen zerstört hatte. Es dämmerte ihm auch, daß er seine rechte Hand verloren hatte - doch was war das schon im Vergleich zum Verlust seines Augenlichts! Mikhail wäre am liebsten gestorben. Als er aus dem Krankenhaus entlassen und wieder nach Hause gebracht worden war, drehte er sich mit dem Gesicht zur Wand und beachtete niemanden.

Viele Leute besuchten ihn und versicherten ihm, wie sehr ihnen sein Unfall leid täte. Mikhail sprach kaum mit ihnen, aber er hörte natürlich, was sie sagten. Das alles interessierte ihn jedoch nicht, bis eines Tages zwei fremde Damen das kleine Häuschen betraten, in dem Mikhail und seine Familie wohnten.

»Wir sind gekommen, um ihm einen Platz in der Blindenschule in Beirut anzubieten«, erzählte eine von ihnen Mikhails Mutter und fuhr fort, von dieser außergewöhnlichen Schule zu erzählen. Angeblich lernten da Jungen lesen und mit ihren Händen arbeiten. Es klang fast so, als seien sie glücklich. Mikhail lag in seiner Ecke und tat so, als beachte er den Besuch gar nicht. In Wirklichkeit jedoch entging ihm kein einziges Wort. Aber war das nicht alles Unsinn, was die beiden Frauen erzählten? Wie konnte ein blinder Junge lesen und arbeiten und glücklich sein? Blinde Jungen lagen mit dem Gesicht zur Wand in ihrem Bett und warteten darauf, daß ihr Leben endlich aufhörte. Daran ließ sich doch gar nichts ändern!

Bald darauf brachen die Besucherinnen auf. Doch als sie sich verabschiedeten, fügten sie ruhig hinzu: »Wenn er doch noch kommen möchte, bekommt er in jedem Fall einen Schulplatz.«

Einige Zeit verging, und die Blindenschule wurde nie mehr erwähnt. Aber Mikhail dachte fast die ganze Zeit daran, denn in seiner langen Nacht hatte er wenig anderes, womit er sich beschäftigen konnte. Er überlegte: Was hatte er eigentlich zu verlieren, wenn er es mit dieser Schule versuchte? Eines Tages drehte er sich deshalb zur Überraschung seiner Eltern herum und murmelte: »Diese Blindenschule in Beirut: Könnt ihr mich nicht hinbringen? Ich möchte so gern.«

So packten seine Eltern ein paar Sachen zusammen, und dann machten sie sich auf die Reise aus dem Hügelland in die große Stadt am Meer. Als sie die Adresse erreicht hatten, die die beiden Damen ihnen gegeben hatten, und an die Tür klopften, da waren sie alle gleich aufgeregt. Sie wurden höflich empfangen und in ein Wartezimmer geführt. Auf dem Weg dorthin sahen die Eltern Jungen, die Körbe oder Rohrstühle flochten. Andere saßen über große Bücher gebeugt, ließen ihre Finger über die Seiten gleiten und lernten. Und ja, sie sahen glücklich aus! Es war nicht zu fassen.

Der Schulleiter begrüßte sie und hörte sich ihre Geschichte an und blickte betrübt auf den stillen Jungen, der so ruhig dasaß. Als die Eltern mit Erzählen fertig waren, schüttelte er bedauernd den Kopf. »Es ist unmöglich«, sagte er. »Sie sind zu spät gekommen. Wir sind voll belegt.«

Doch er hatte nicht mit dem stillen Jungen gerechnet. Dessen Kopf fuhr plötzlich hoch, und er rief bitter: »Aber sie haben es versprochen! Sie haben es *versprochen*!« Unter Tränen flehte er den Direktor an, ihn doch dazubehalten. Als der sah, wie verzweifelt der Junge war, versprach er, ihn doch noch irgendwo unterzubringen.

Das war der Anfang von dem, was einmal Mikhails Lebensaufgabe werden sollte: Heute ist er selbst der Direktor dieser Blindenschule. Nachdem er in die Schule aufgenommen worden war, ließ er sich von seinen Behinderungen nicht mehr unterkriegen. Er lernte mit seiner linken Hand fast so schnell die Braille-Schrift lesen wie die anderen Kinder. Das Korbflechten bereitete ihm mit seiner einen Hand anfänglich große Mühe, doch selbst dieses Problem löste er, indem er das Flechtrohr unter den rechten Arm klemmte. Wie oft dankte der Schulleiter Gott dafür, daß er diesen eifrigen, fleißigen Jungen angenommen hatte, in dessen Gesicht schon bald die Verzweiflung heller Freude wich.

Einige Zeit später war einmal ein Prediger zu Gast in der Schule und hielt Vorträge. Am Schluß fragte er, ob einer der Jungen etwas erzählen könne, was er hier erlebt habe. Da erhob sich Mikhail.

»Ich möchte Gott für meine Blindheit danken«, sagte er schlicht, »denn ohne sie hätte ich nie das Licht der Welt kennengelernt.«

Schlüsselvers

»Wenn jemand Gott liebt, muß alles dazu beitragen, daß er das Ziel erreicht, zu dem Gott ihn nach seinem Plan berufen hat« (Römer 8,28).

Gebet

Herr, ich will dir für das danken, was du mir schickst, auch wenn es manchmal schwer und enttäuschend erscheint. Hilf mir, dir zu vertrauen, daß auch das zu deinem großen Plan für mein Leben gehört. Hilf mir, daß ich nicht murre und zweifle. Laß mich fröhlich sein und dich loben, weil ich dir vertraue.

Zum Nachdenken
Hat es auch in deinem Leben schon einmal etwas gegeben, was dir zunächst sehr unangenehm gewesen ist, für das du aber heute Gott danken kannst, weil es sich als gut erwiesen hat?

X. Der Tod – und dann? Diese Welt – und dann?

Der Tod
Bibeltext: 1. Korinther 15

42. Geboren, um zu fliegen

»Nun komm schon!« sagte das Rotkehlchen freundlich. »Kannst du denn nicht ein bißchen schneller machen? Hier oben scheint herrlich die Sonne auf die Blätter. So hoch wie ich kannst du sicher nicht klettern, aber du könntest dir doch wenigstens etwas den Rücken wärmen lassen.«

»Ja, ja, schon gut«, schmatzte die Raupe, während sie genüßlich ein Brennesselblatt verspeiste. »Ja, ich habe es gern warm. Doch da die Sonne ab und zu hier in den Graben scheint, brauche ich gar nicht höher zu klettern. Mir gefällt es hier ganz gut. Und saftige Blätter gibt es hier auch.«

»Graben! Blätter!« trillerte das Rotkehlchen. »Wenn du nur wüßtest! Sehnst du dich denn nie nach Sonnenschein und rauschenden Baumwipfeln und blauem Himmel und Vogelgesang und weißen Wolken und Wind?«

»Nein, eigentlich nicht, meine Liebe«, antwortete die Raupe. »Ja, ja, das ist sicher alles sehr schön. Doch mir hat Grün schon immer besser gefallen als Blau, und den Wind habe ich noch nie gemocht. Rauschende Baumwipfel? Nein, nein, ich bleibe lieber hier unten. Da ist es mir sicherer.«

Das Rotkehlchen lachte. »Na, du kannst wohl nichts dafür«, meinte es fröhlich. »Aber ich sag' dir: Ich bin so froh, so froh, daß ich mit Flügeln geboren worden bin!« Damit schwang es sich hinauf in den Wipfel einer sich hin und her wiegenden Esche und sang und sang und sang.

Die Raupe richtete sich auf ihre Hinterglieder auf und hörte lange dem Rotkehlchen zu, dessen glückliches Lied durch die Blätter zu ihr herunter klang. »Flügel!« murmelte sie vor sich hin. »Fliegen können, wie mag das wohl sein ...« Ihr Körper fühlte sich plötzlich so müde und schwer an, und ihr Horizont kam ihr so beschränkt vor. »Aber nun ja, ich bin eben nicht für Baumwipfel und den weiten Himmel und die Ferne geboren, wovon die Vögel immer erzählen ... Ich weiß nicht einmal, wie das alles aussieht. Ich bin für Gräben und Nesseln und niedrige Pflanzen geboren, und so schlecht geht es mir ja nun auch wieder nicht.« Sie kaute weiter an ihrem Blatt und versuchte, zufrieden zu sein, doch sie war von einer seltsamen Unruhe erfaßt. »Ich glaube, ich werde alt und fange an zu spinnen«, dachte sie. »Flügel ... Flügel ...!« In diesem Augenblick bewegte sich etwas direkt über ihr, und sie sah hoch. Ein Argusfalter hatte sich auf einem Grashalm niedergelassen. Durch seine großen Flügel schien das Sonnenlicht hindurch. So etwas Schwereloses und Herrliches hatte die Raupe noch nie gesehen, und sie wurde sich plötzlich ihres eigenen schweren Körpers schmerzlich bewußt. Am liebsten hätte sie sich versteckt, aber es war zu spät. Der Schmetterling hatte sie schon gesehen und landete direkt vor ihr auf ihrem halbzerfressenen Nesselblatt. Die Raupe konnte sich an der Schönheit ihres Besuchers gar nicht satt sehen.

»Woher kommst du denn?« flüsterte sie. »Du gehörst doch nicht hier in den Graben!«

»Du auch nicht!« lachte der Schmetterling. »Du bist hier nur für eine Weile zu Besuch ... Du bist für das Licht geschaffen, für Flügel, die Luft, den blauen Himmel. Ich bin zu dir gekommen, um dir das zu sagen.«

»Ach, was redest du da!« wehrte die Raupe ab. »Und doch – manchmal habe ich das seltsame Gefühl, daß ich tatsächlich nicht in diesen Graben gehöre. Daß es noch etwas anderes gibt. Aber sieh dir nur meinen unförmigen, schwerfälligen Körper an! Ich werde nie sein wie du. Wie sollte das geschehen?«

»Was du einmal sein wirst, das ist jetzt noch nicht sichtbar«, flüsterte der Schmetterling. »Aber ich weiß, daß du mir einmal ähnlich sein wirst. Vergiß das nicht. Du bist nicht für den Graben geboren worden. Das ist nur der erste Teil deiner Reise. Du bist zum Fliegen geschaffen worden ...« Die Stimme des Falters verstummte. Seine Flügel hatten ihn davongetragen. Die Raupe blieb untröstlich zurück und sehnte sich danach, fliegen zu können. Sie knabberte nacheinander mehrere Blätter an, doch sie schmeckten ihr auf einmal schal und fade. Sie war todtraurig. Am Abend war sie ganz erschöpft und rollte sich in dem Graben zusammen, der ihr Leben lang ihre Heimat gewesen war. »Ich habe das merkwürdige Gefühl, daß ich nicht mehr viel länger hier sein werde. Daß es noch etwas anderes, mehr, gibt«, dachte sie noch, dann schlief sie ein.

Sie schlief und schlief und schlief. Dabei spann sie einen weichen Kokon um sich, der sich zu einer Puppe verhärtete, und der Regen und die fallenden Herbstblätter deckten sie zu. Ihre Nachbarn im Graben, die Feldmaus und der Igel und eine ganze Sippschaft Ohrwürmer, nahmen an, daß sie gestorben war. Das tat ihnen leid, denn die Raupe war eine angenehme, freundliche Nachbarin gewesen, und sie vermißten sie.

Doch die Raupe war nicht tot, ganz und gar nicht! Eines Tages hatte sie einen ganz außergewöhnlichen Traum: Sie wurde gerufen von weit, weit her, doch mit großer Eindringlichkeit. Es klang fast wie das fröhliche Läuten ferner Glocken. Aber sie war gefangen und konnte nicht antworten. »Mit meinem armseligen, weichen, schwachen Körper kann ich mich nie aus diesem Gefängnis befreien«, dachte sie. »Doch wenn ich diesem Ruf nicht Folge leiste, werde ich sterben, das ist gewiß.«

Auf einmal merkte sie, daß sie gar nicht träumte. Sie kämpfte sich frei mit einer Kraft, die sie nie zuvor besessen hatte, und ihre Fesseln lösten sich. Sie zwängte sich aus ihrem Gefängnis ins Licht und in die Wärme und den Vogelgesang. Woher hatte sie nur die Kraft dazu? Sie begriff das nicht. Sie fühlte sich wie neu geboren.

»Ich bin ja anders!« flüsterte sie. »Mein Körper ist nicht mehr schwer und langsam. Der Ruf kommt von irgendwo hoch über mir. Nanu – ich steige ja nach oben! Habe ich nicht immer gemeint, ich würde mir seltsam vorkommen, wenn ich mich zu weit über den Graben erheben könnte? Aber jetzt fühle ich mich in dieser herrlichen Luft gar nicht fremd. Ich fühle mich darin ganz zu Hause ... Dafür bin ich geschaffen worden.«

Sie machte eine Pause auf einer Hyazinthe, und ein charmanter blauer Schmetterling gesellte sich zu ihr. »Willkommen bei uns!« strahlte er. »Wie ich sehe, sind deine Flügel kaum entfal-

tet. Gestatte mir, daß ich dich meinen Freunden vorstelle. Sie sind alle dort drüben.«

»Flügel!?!« Die kleine Raupe fiel fast in Ohnmacht. Wer oder was war sie denn? Der schöne Fremde machte sie ganz verlegen, und sie flatterte ungeschickt zum Rand einer Vogeltränke. Ohne sich viel dabei zu denken, blickte sie in das Wasser und sah ihr eigenes Spiegelbild: Sie sah einen wunderschönen roten Admiral mit dunklen Flügeln und roten Punkten.

»Geboren um zu fliegen«, flüsterte sie. »Geboren für das Licht!« Sie breitete ganz ihre herrlichen Flügel aus und folgte ihrem neuen Freund zu dem blühenden Fliederstrauch, wo die übrigen Schmetterlinge sie schon erwarteten.

Als begrenzte Menschen wissen wir längst nicht alles, und es gibt weit mehr, als wir wissen und uns vorstellen können. Auch wenn wir uns zum Beispiel ein vollkommenes Leben nach dem Tod oder einen vollkommenen Körper nicht vorstellen können, gibt es das. Millionen von Sterne können wir nicht sehen, und doch wissen wir, daß es sie gibt.

Schlüsselverse

»So könnt ihr euch auch ein Bild von der Auferstehung der Toten machen. Was in die Erde gelegt wird, ist vergänglich; aber was zum neuen Leben erweckt wird, ist unvergänglich. Was in die Erde gelegt wird, ist schwach und häßlich; aber was zu neuem Leben erweckt wird, ist stark und schön. Was in die Erde gelegt wird, war von natürlichem Leben beseelt; aber was zu neuem Leben erwacht, wird ganz vom Geist Gottes beseelt sein. Wenn es einen natürlichen Körper gibt, muß es auch einen vom Geist beseelten Körper geben ... Wir werden alle verwandelt« (1. Korinther 15,42–44.51).

»Jetzt gleichen wir dem Menschen, der aus Erde gemacht wurde. Später werden wir dem gleichen, der vom Himmel gekommen ist« (1. Korinther 15,49).

Gebet

Danke, Herr, daß du uns mehr geschenkt hast als nur dieses Leben hier auf der Erde. Danke, daß du uns einmal ganz umwandeln wirst, so daß wir in deine Herrlichkeit passen. Danke, daß wir dich dann so sehen werden, wie du bist.

Zum Nachdenken

Mit Jesus Christus hat etwas ganz Neues in dieser Welt begonnen. Er starb, er stand aber vom Tod auf und erschien seinen Jüngern, Männern und Frauen. Seither ist der Tod nicht wirklich das Ende, sondern ein Neuanfang.

Wiederkunft Christi
Bibeltext: Matthäus 24,32–51

43. Schritte in der Nacht

Der Herr verreiste, und niemand wußte genau, warum und wohin. Die Diener fanden das furchtbar aufregend und hatten eine Menge zu bereden.

Der Herr war jung und unverheiratet, und einige flüsterten, er sei auf Brautschau. Andere waren überzeugt, daß er eine Geschäftsreise angetreten hatte, vielleicht sogar ins Ausland. Schließlich waren seine Wolle, sein Wein und sein Weizen im ganzen Land gut bekannt. Sicher war nur, daß der Herr ziemlich lange fortbleiben würde. Er hatte dem Verwalter genaue Anweisungen für die Schafschur und die Ernte gegeben, plante also offensichtlich, den ganzen Sommer über fortzubleiben. Mit dem Winzermeister hatte er sogar über die Reparatur der Weinpresse und die Lagerung der Fässer gesprochen. So würde er wahrscheinlich frühestens anfangs Herbst zurückkehren. Auch das Hauspersonal hatte natürlich klare Anweisungen bekommen. Jeder wußte, was er zu tun hatte, und sollte genauso weiterarbeiten, als sei der Herr da.

An einem schönen Frühlingsmorgen reiste er ab und versprach, bald zurückzukehren. Die Dienerschaft sah ihm mit gemischten Gefühlen nach, wie er das Tal hinunterritt. Er war ein freundlicher, gerechter Herr, und sie hatten große Achtung vor ihm. Doch er legte großen Wert auf ordentliche und schnelle Arbeit, und so freuten sich manche der Angestellten darauf, jetzt endlich einmal etwas gemächlicher zu arbeiten. Der Verwalter selbst neigte zur Faulheit, wenn der Herr außer Haus war, und kümmerte sich nie besonders darum, was die anderen schafften. So gingen sie viel langsamer als sonst an ihre Aufgaben zurück.

Nur einer blickte mit Tränen in den Augen der hochgewachsenen, kräftigen Gestalt nach, die zwischen den Zypressen seinen Blicken entschwand. Fidelis war als Sklave geboren und unter der Herrschaft eines grausamen Herrn aufgewachsen. Der hatte ihn von früh bis spät zur Arbeit angetrieben, ihn halb verhungern lassen und oft schrecklich ausgepeitscht. Doch dann war einmal sein jetziger Herr ins Haus gekommen, um einen Handel abzuschließen, und er hatte den Jungen mit seinem vernarbten Körper und den angsterfüllten Augen erblickt. Fidelis hatte nie vergessen, wie der Besucher ihn mit einer Mischung aus Mitleid und Zorn angesehen hatte. Er hatte sofort angeboten, den Jungen zu kaufen, und einen fantastischen Preis für seine Freilassung gezahlt. Da Fidelis jung war und gut aussah, wurde er als wertvoller Sklave eingestuft. Dann hatte der neue Herr den zitternden jungen Sklaven vorsichtig vor sich aufs Pferd gehoben, ihn getröstet und ihm Mut gemacht. Wie dankbar war Fidelis diesem Mann, der ihn gerettet hatte. Mit den Jahren war die Liebe zu seinem Herrn noch gewachsen. Er hatte niedere Arbeit zu verrichten: Er fegte die Höfe, versorgte die Wachhunde und schlief beim großen Eingangstor, um zur Stelle zu sein, wenn in der Nacht Reisende eintrafen. Er arbeitete aus Liebe für seinen Herrn, und es gab für ihn keine größere Freude, als ihm zu dienen und in seiner Nähe zu sein. Deshalb war Fidelis auch gewöhnlich glücklich.

Und nun war der Herr abgereist! Aber er konnte ihm ja immer noch dienen. Die Zeit würde schneller vergehen, wenn er hart arbeitete. Wenn der Herr zurückkam, sollte er die Höfe makellos sauber vorfinden und die Hunde gepflegt und gut durchtrainiert. Er krempelte die Ärmel auf und stürzte sich mit solcher Energie in die Arbeit, daß die Köchin in lautes Gelächter ausbrach. »Seht euch bloß den Jungen an!« pustete sie. »Man könnte meinen, der Herr komme heute nacht zurück.«

Die Zeit verging wirklich wie im Flug. Die Schafe wurden geschoren – irgendwie –, die Ernte wurde eingebracht und der Wein gekeltert. Der Sommer war fast vorbei, und Fidelis spazierte in der Abendkühle oft weit ins Tal hinunter. Es konnte ja sein, daß der Herr . . . Sicher würde er nun bald kommen! In den Unterkünften der Dienerschaft ließ Fidelis sich in diesen Tagen nicht oft blicken. Dort stritten die Leute nur miteinander, murrten und schwatzten über die enormen Gewinne, die der Verwalter während der Abwesenheit des Herrn in die eigenen Taschen fließen ließ. Nach Feierabend sah man den Verwalter selten, und es wurde gemunkelt, er sei in die Privatwohnung seines Herrn umgezogen und bewirte seine Freunde mit dem alten Wein des Herrn.

Die Blätter der Pappeln nahmen einen goldenen Schimmer an, der erste Regen fiel auf das ausgedörrte Land, und der Herr kam immer noch nicht. Da begannen die Gerüchte. Auf den Straßen waren immer weniger Reisende unterwegs, und so ging man allgemein davon aus, daß der Herr nicht vor dem Frühling zurückkommen werde – falls überhaupt. Manche behaupteten, er sei übers Meer gefahren, und kein Dummkopf würde jetzt im Herbst, wo die Stürme die Wellen aufpeitschten, eine Seereise unternehmen. Wieder andere vermuteten, daß er von Straßenräubern überfallen worden sei, und die Stimmung sank auf den Nullpunkt. Jetzt, wo die Weinlese vorüber war und der Wein in Fässern lagerte, waren die Weingärtner faul und betrunken. Jeder machte, was er wollte, und arbeitete in die eigene Tasche. Nur Fidelis dachte an seinen Herrn und verrichtete aus Liebe seine Arbeit.

Eines Tages gab es eine Ankündigung, die alle aufhorchen ließ. Der Verwalter lud die gesamte Dienerschaft zu einem Festmahl in die große Halle ein. Irgend etwas sollte gefeiert werden. Keiner wußte, was, aber man nahm an, daß man es noch früh genug erfahren würde. »Vielleicht kündigt der Verwalter die Rückkehr des Herrn an!« dachte Fidelis. So erschien er mit hoffnungsvoll glänzenden Augen zum Festmahl.

Erstaunt blickte er auf die über und über beladene Festtafel. Zwei Schafe des Herrn waren geschlachtet und in Honig gekocht worden, und die Berge von Zuckerkonfekt stammten sicher aus den Vorratsschränken des Herrn. In diesem Augenblick erhob sich der Verwalter und hämmerte auf den Tisch. In die atemlose Stille hinein verkündete er, er habe Nachricht erhalten, daß der Herr gestorben sei, und mit diesem Festessen übernehme er nun die Herrschaft. Er lud sie alle ein, ihn als ihren neuen Herrn zu feiern und ihm zu dienen, wie sie früher dem alten Herrn gedient hatten.

Wie froh war Fidelis, daß er am untersten Ende der Tafel bei den einfachsten Sklaven saß. So bemerkte keiner, wie er hinausschlich. Er rannte zu seiner kleinen Strohpritsche am Eingangstor und weinte, bis er keine Tränen mehr hatte. Die großen, wilden Wachhunde spürten seine Trauer, kamen und legten sich neben ihn und leckten ihm seine Tränen ab. Das tröstete ihn, denn wenigstens sie hatten den Herrn geliebt. Der Lärm aus der Halle wurde immer lauter, je weiter die Nacht vorrückte. Die Diener leerten offenbar eine Flasche Wein nach der anderen. Fidelis aber lag verzweifelt mit dem Gesicht auf der Erde und überlegte hin und her, was er als nächstes tun sollte. Einem anderen als seinem geliebten Herrn Treue schwören, nein, das würde er niemals im Leben!

Da spannte der große Hund neben ihm auf einmal alle Muskeln, und der zu seinen Füßen hob knurrend den Kopf. Fidelis setzte sich auf und lauschte, doch er hörte nichts als das Schreien und Lachen der Betrunkenen in der Halle.

Nun begannen die Hunde wie verrückt zu bellen und stürmten auf das Tor zu. Fidelis griff nach ihrem Halsband und versuchte, sie zurückzuhalten; doch er war nicht stark genug. Die Hunde hatten den leichten, festen Schritt vernommen, den sie gut kannten. Sie jagten hinaus ins Mondlicht und sprangen im nächsten Augenblick an der hohen Gestalt empor, die neben einem Pferd im Hof stand. Da wußte Fidelis, wer gekommen war. Er rannte los und blieb vor seinem Herrn stehen. Stumm blickte er zu ihm auf, sein Herz zu voll zum Reden.

»Sitzt! Sitzt!« befahl der Herr. »Still jetzt!« Die Hunde duckten sich und wedelten wild mit dem Schwanz. Dann sah er in das bleiche, tränenüberströmte Gesicht, das zu ihm aufblickte, und merkte, daß etwas nicht stimmte.

»Wie kommt es, Fidelis«, fragte er freundlich, »daß nur du allein mich zu Hause willkommen heißt? Und was hat dieser Lärm zu bedeuten? Und warum brennt das Licht in der Halle? Wo sind denn die anderen Diener?«

»Sie halten ein Festmahl, Herr«, flüsterte Fidelis. »Sie nahmen an, du seist tot.« Er sank vor seinem Herrn auf die Knie und vergrub das Gesicht in den Händen.

Die Stimme des Herrn klang traurig und ernst, als er Fidelis fragte: »Wie kommt es, Junge, daß du allein nicht an der Feier teilnimmst?«

Da fand Fidelis seine Sprache wieder.

»Hast du nicht diesen hohen Preis für mich bezahlt, Herr, und mich zu deinem Diener gemacht? Und hattest du nicht versprochen zurückzukehren? Wie konnte ich da einem anderen Treue schwören? Gehöre ich nicht dir, Herr? Bin ich nicht für immer dein Diener?«

Er dachte, einer der Hunde habe ihm seine Schnauze auf den Kopf gelegt. Doch dann merkte er, daß die Hand seines Herrn auf seinem Haar ruhte.

»Du bist nicht mehr Diener, Fidelis, sondern für immer mein Sohn«, sagte der Herr. »Komm, laß uns hineingehen!«

Es sieht oft so aus, als werde die Welt vom Bösen beherrscht. Die Menschen haben vergessen, daß Jesus versprochen hat wiederzukommen. Er hat viele Zeichen genannt, die seiner Wiederkunft vorausgehen sollen. Davon haben sich schon so viele erfüllt, daß nicht wenige Christen überzeugt sind: Jesus kommt bald wieder.

Schlüsselverse

(Jesus sagte:) »Ich gehe also, um einen Platz für euch bereitzumachen. Dann werde ich zurückkommen und euch zu mir nehmen, damit auch ihr seid, wo ich bin« (Johannes 14,3).

»Darum seid jederzeit bereit; denn der Menschensohn wird kommen, wenn ihr es nicht erwartet« (Matthäus 24,44).

Gebet

Danke, Herr Jesus, daß du uns versprochen hast, wiederzukommen und uns zu dir zu holen. Auch wenn ich nicht weiß, wann das sein wird, hilf mir, stets bereit zu sein und auf dein Kommen zu warten. Danke für die herrliche Freude, die uns erwartet, wenn wir dich sehen werden.

Ein Gebet aus der Bibel:

»Der aber, der dies alles bezeugt, sagt: ›Ganz gewiß, ich bin schon auf dem Weg!‹ Ja, Herr Jesus, komm!« (Offenbarung 22,20)

Zum Nachdenken

Als Christen sollen wir so eifrig sein, als würde Jesus heute zurückkehren, und so ausdauernd, als kehre er erst in tausend Jahren zurück.

Leseprobe aus einem der bekanntesten Bücher von Patricia St. John, das auch verfilmt worden ist:
Das Geheimnis von Wildenwald

Ich finde einen neuen Freund

Wir traten ins Pfarrhaus ein, und der Pfarrer führte mich geradewegs in seine Studierstube, ein großes, sonniges Zimmer voller Bücher. Ich durfte es mir in einem Polstersessel gemütlich machen, während er hinausging, um zu telephonieren. Es dauerte lange, bis er wiederkam, und da ich nichts anderes zu tun hatte, verließ ich meinen Sitz bald und schlenderte durchs Zimmer, um mir die Bilder an den Wänden anzusehen. Es waren größtenteils Photographien, und ich fand sie langweilig. Aber ein Bild gefiel mir so gut, daß ich meinen Sessel davorrückte, um es besser betrachten zu können.

Es stellte ein Schaf dar, das sich auf einer felsigen Bergeshalde verlaufen hatte. Über ihm kreiste ein Raubvogel und wartete auf den Tod seines Opfers. Das Schaf hatte ihn erblickt und schrie um Hilfe. Jemand hatte den Hilferuf vernommen, denn ein Hirte mit seinem Stab kniete auf der Felskante. Noch ein Augenblick, und er würde das Schaf in seine Arme nehmen und nach Hause tragen.

Ich war dermaßen in den Anblick des Bildes vertieft, daß ich es gar nicht bemerkt hatte, als der Pfarrer wieder ins Zimmer getreten war. Auf einmal stand er vor mir mit einem Tablett, das er neben mich stellte.

»Ich habe deine Tante angerufen«, sagte er. »Sie hat sich sehr um dich gesorgt. Die Polizei und dein Onkel haben dich die ganze Nacht gesucht. Da sie nun weiß, wo du bist, ist deine Tante einverstanden, daß du zum Frühstück hier bleibst. Nachher aber mußt du heimlaufen und sie um Verzeihung bitten.«

Ich fiel mit einem gewaltigen Appetit über das Frühstück her, hatte ich doch seit dem letzten Nachmittag nichts zu essen gehabt. Es war aber auch ein herrliches Frühstück: ein weichgekochtes Ei war dabei und Erdbeermarmelade und eine Kanne Kakao für mich ganz allein. Ich kaute seelenvergnügt drauflos.

Noch ein Augenblick, und er würde das Schaf in seine Arme nehmen

Der Pfarrer setzte sich unterdessen aufs Sofa, und wir plauderten. Ich erzählte ihm von Philipp und Terry, dem Vogelbuch und der Indianerhütte, dem Photoapparat und dem Blumenverkauf. Er stellte eine Menge Fragen und war ganz dabei.

Als ich aber den letzten Bissen Butterbrot heruntergeschluckt hatte, kam es mir zum Bewußtsein, daß man mich jetzt wahrscheinlich schnurstracks nach Hause schicken würde. Das aber leuchtete mir gar nicht ein; denn ich fand, mein neuer Freund sei so ziemlich der netteste Mensch, den ich je getroffen hatte, außer vielleicht Herrn Tanner, dem alten Hirten. Ich schob deshalb mein Tablett beiseite, ging zum Pfarrer hinüber und setzte mich neben ihn aufs Sofa. Sogleich zog das Bild an der Wand meine Blicke wieder an.

»Das ist wirklich ein schönes Bild«, bemerkte ich. »Es erinnert mich an den Hirten in unserer Nähe. Eines seiner Lämmer hat sich einmal verlaufen wie dieses hier, und er hat es suchen müssen. Ich habe ihn begleitet. Wir haben lange Zeit suchen müssen, bis wir es schließlich gefunden haben. Es war ganz in einen Dornbusch verstrickt und blökte jämmerlich. Herr Tanner brauchte eine Ewigkeit, um es zu befreien. Seine Hände wurden blutig gekratzt von den vielen Dornen.«

Mein Freund war ebenfalls in den Anblick des Bildes versunken und antwortete nicht sogleich. Doch plötzlich fragte er:

»Sag mir, Ruth, wie konnte denn das Lamm in solch eine Lage geraten? Warum ging es überhaupt verloren?«

»Ach«, erwiderte ich, »wahrscheinlich war es davongelaufen; sie tun das oft.«

»Ja«, fuhr der Pfarrer fort, und seine Stimme klang jetzt sehr ernst, »aber warum lief es davon? Es hatte doch einen freundlichen Hirten und eine sehr schöne grüne Weide? Warum blieb es nicht dort?«

Nachdenklich antwortete ich:

»Es dachte wohl, draußen sei es noch schöner, und so lief es hinaus, um zu sehen, wie es dort wäre. Daraufhin verirrte es sich wohl, so daß es den Rückweg nicht mehr finden konnte.«

»Du hast ganz recht«, sagte mein neuer Freund, »sieh nur das Schaf auf dem Bild gut an. Ich glaube, es hat die ganze Nacht versucht, den Weg nach Hause zu finden. Aber es hatte sich verirrt, und je weiter es lief, desto steiler wurden die Felsen und desto verzweifelter wurde es. Drum, glaube ich, gab es schließlich seine Anstrengungen auf und blieb am Rand des Abgrunds regungslos stehen. Und was tat es dann, Ruth?«

Ich schaute zum Pfarrer auf, denn ich begann zu verstehen, daß er gar nicht mehr von einem richtigen Schaf redete.

»Ich weiß es nicht«, flüsterte ich eingeschüchtert.

»Dann will ich dir's sagen«, fuhr der Pfarrer fort. »Ich glaube, das Schaf blickt umher und sieht den Abgrund zu seinen Füßen und die hohen Felsen über sich, und da denkt es: ›Es nützt doch alles nichts, ich finde mich unmöglich selber zurecht. Es gibt nur einen, der mich heimbringen kann – der Hirte!‹ Und dann öffnet es das Maul und läßt einen schwachen Schrei ertönen. Auf diesen Laut aber hat der Hirte die ganze Nacht gewartet. Sobald er ihn vernimmt, beugt er sich über den Abgrund, holt das Schaf herauf und trägt es wohlbehalten zurück auf seinen eigenen Weideplatz. Wer von den zweien dabei glücklicher ist, weiß ich nicht, das Lamm oder der Hirt.«

Ich hielt die Augen auf den Pfarrer gerichtet. Daß er von mir sprach, wußte ich nun.

»Ich bin auch weggelaufen und gestern abend verloren gegangen, nicht wahr?« sagte ich leise.

»Ja, das bist du«, antwortete der Pfarrer, »und weißt du, als ich dich in der Kirche fand und du mir sagtest, du seiest weggelaufen und wüßtest nicht, was tun, um brav zu sein, da dachte ich im stillen: Das ist auch solch ein verlorenes Schäfchen Gottes, das noch auf eigene Faust den Heimweg finden will. Du wirst es nie können, Ruth. Es gibt nur einen einzigen, der dich auf Gottes Weg zurückbringen und darauf bewahren kann: das ist der Herr Jesus Christus, der sich selbst den guten Hirten nannte.«

»Warum tut er es denn nicht?« fragte ich.

»Weil du immer noch versuchst, ohne ihn zurechtzukommen«, war die Antwort. »Du sagst mir, du gebest dir Mühe, brav zu sein. Du fährst aber dennoch fort, unartig zu sein. Schau, jedes Mal, wenn du unartig bist, entfernst du dich ein klein bißchen weiter von Gottes Weg. Was solltest du nun tun? Ich will es dir sagen: Hör auf, dich anzustrengen, gut zu sein. Bekenne dem Hirten, daß du verirrt bist, und bitte ihn, dich zu finden, auf Gottes Weg zurückzubringen und aus dir sein eigenes, gehorsames Schäflein zu machen.«

»Wird er das wirklich tun?« fragte ich.

»Ruth«, sagte der Pfarrer unvermittelt, »wie alt bist du?«

»Neun Jahre«, erwiderte ich und wunderte mich, was das damit zu tun habe.

»Also, dann hat er dich bereits volle neun Jahre geliebt und gesucht! Meinst du nicht, daß er nach so langer Zeit Freude haben wird, wenn er dich endlich rufen hört?«

Ich saß ganz still und dachte angestrengt nach.

»Ist das wirklich alles, was ich zu tun habe, um gut zu werden?« fragte ich schließlich. »Ich habe gemeint, es sei sehr schwer, brav zu sein.«

»Es ist alles, was du zu Beginn tun mußt«, antwortete der Pfarrer, »und das ist das Wunderbare an der Sache. Schau, der gute Hirte ist's, der alles für dich getan hat. Er hat deine Sünde weggenommen, als er für dich am Kreuz gestorben ist, damit du nun ohne Strafe Vergebung haben könnest. Du hast mir erzählt, dein Freund, der Hirte, sei schrecklich zerkratzt und verwundet worden, als er jenes Lamm befreite. Aber das Lamm selbst wurde nicht im geringsten verletzt, als er es aus dem Gestrüpp holte. Gerade so wurde der gute Hirte verwundet, als er kam, um dich zu suchen. Er hat alles getan. Du aber brauchst nur noch ›danke‹ zu sagen und zu glauben, daß seine verwundeten Hände dich aufheben und zu Gottes Herde zurücktragen, sobald du ihn darum bittest.«

»Und wie ist's nachher?« fragte ich. »Werde ich dann immerzu brav sein?«

Der Pfarrer lächelte.

»Du wirst nicht auf einen Schlag immer lieb und gehorsam sein können«, erwiderte er, »aber du wirst immer dem guten Hirten angehören, und er wird dir zeigen, wie du folgsamer werden kannst. Er wird oft in deinem Herzen zu dir sprechen, und du mußt lernen, auf seine Stimme zu hören. Wenn er spricht, sollst du immer gehorchen. Und du deinerseits mußt lernen, mit ihm über alles zu reden. Wir nennen das beten, aber im Grunde bedeutet es einfach: alles dem Hirten sagen.«

Nochmals blieben wir lange still nebeneinander sitzen. Schließlich brach der Pfarrer das Schweigen.

»Ich muß jetzt zur Kirche hinunter«, sagte er sanft, »und du mußt nach Hause, sonst denkt deine Tante, du seiest anderswohin weggelaufen. Bevor du aber gehst, will ich dir ein solches Bild schenken. Schau es dir oft an und denke jedes Mal daran, daß du dieses verlorene Schäflein bist und daß der gute Hirte darauf wartet, dich zu finden, sobald du ihn darum bittest. Noch etwas: Hast du eine eigene Bibel?«

»Ja, eine sehr schöne sogar, zu Hause in meiner Schublade.«

»Wenn du heimkommst«, sagte der Pfarrer, »so suche das Lukasevangelium und lies jeden Tag ein Stückchen davon. Es erzählt dir die ganze Geschichte vom Hirten und wie er auf die Erde kam, um verlorene Schafe zu suchen. Und wenn du am Ende angelangt bist, dann lies die andern Evangelien!«

Während er sprach, hatte er seine Schublade herausgezogen und ihr eine farbige Postkarte entnommen: es war eine getreue Nachbildung des Bildes an der Wand. Ich nahm sie mit leuchtenden Augen entgegen und lispelte meinen Dank. Meinen neuen Schatz hielt ich mit beiden Händen fest und trat mit dem Pfarrer aus dem Hause. Er brachte mich ans Gartentor, und seine Blicke folgten mir, als ich die Straße hinabging. Doch bald machte ich kehrt und lief nochmals zurück. Ich stellte mich auf die Zehenspitzen und zog den Kopf meines neuen Freundes so weit herunter, daß ich ihm ins Ohr flüstern konnte:

»Soll ich wiederkommen und es Ihnen sagen, wenn ich's getan habe?« fragte ich.

Er nickte.

»Ich habe gehofft, du würdest es tun«, gab er zu. »Ich werde mich immer freuen, dich zu sehen. Du kannst also kommen, wann du willst.«

So nahm ich denn Abschied und bog um die Ecke. Die Straße unter meinen Füßen führte nach Hause, und beim Gedanken daran schlug mein Herz schneller. Was würden meine Tante und mein Onkel sagen, und was wollte ich ihnen sagen? Das bekümmerte mich zwar nicht allzulange, denn ich hatte über Wichtigeres nachzusinnen. In meiner Hand war das Bild und in meinem Herzen ein großer Entschluß. Ich wollte mir ein stilles Plätzchen abseits vom Weg suchen, und bevor ich heimkehrte, wollte ich den guten Hirten bitten, mich zu finden und als sein Schäfchen aufzunehmen.

Ich war sehr wählerisch im Aussuchen des Platzes. Die Kornfelder paßten mir nicht, weil man mich von der Straße her sehen konnte, und ich wollte doch ganz allein sein. So trottete ich weiter, bis ich dahin kam, wo die Straße mitten durch einen Wald führte und die Zweige sich über ihr beinahe berührten. Hier kletterte ich die Böschung hinauf und lief zwischen den Stämmen hin und her, bis ich eine kleine Lichtung fand, die abseits von jedem begangenen Weg lag. Als dicker Teppich breitete sich das Moos über den Erdboden, und Vorhängen gleich hingen Waldreben rings um mich herum. Hier kniete ich nieder. Ich kam mir vor wie in einer einsamen Kapelle, weit weg von der übrigen Welt.

Ich schaute mein Bild nochmals an, doch vorerst wagte ich nicht zu beten. Mir war, als hänge mein ganzes Leben von den kommenden Augenblicken ab. Wie, wenn ich jetzt reden und dann doch nichts geschehen sollte? Wie, wenn der Hirte weggegangen wäre und nicht mehr zuhören wollte?

Doch dann aber wandte ich mich entschlossen an den guten Hirten. Ich klagte ihm meine Unartigkeit und meine Unfähigkeit, mich zu bessern. Ich sagte ihm, es tue mir leid, daß ich ihn so lange habe warten lassen, und dann bat ich ihn, mir zu vergeben und mich zu finden, mich in seine Arme zu nehmen und nie mehr von ihm weglaufen zu lassen.

Dann wartete ich – regungslos – auf seine Antwort, halb erwartend, daß die liebevollen Arme mich spürbar umschlingen würden. Und was geschah?

Der Bibellesebund ist eine internationale, überkonfessionelle Organisation. Sein Ziel ist es, das tägliche, fortlaufende Lesen der Bibel zu fördern und Menschen mit Jesus Christus in Verbindung zu bringen. Als Hilfe für die persönliche Begegnung mit Gott gibt der Bibellesebund folgende Zeitschriften und Broschüren heraus:

Die Königstrasse – für Kinder ab Vorschulalter
2 Hefte mit je 50 Erklärungen, je 64 Seiten, durchgehend illustriert.
Auf der Spur – für Kinder ab ca. 7 Jahren
4 Bibellesehefte mit je 50 Erklärungen, je 64 Seiten, durchgehend illustriert.
Hotshots – für Kinder ab ca. 7 Jahren
4 modern gestaltete Hefte, je 96 Seiten, durchgehend illustriert, mit 60 Erklärungen, Bibeltexten, Rätseln, Tips.

Unsere vierteljährlich erscheinenden Bibellesezeitschriften:

Guter Start – für Kinder zwischen 9 und 13 Jahren
Spannende Rätsel, lustige Comics und ein buntes Klubmagazin. Sie hilft den Kids, Gottes Wort vom Start weg neugierig auf der Spur zu bleiben.
pur – für Teenager zwischen 13 und 17 Jahren
Spaß haben und sich in der Bibel rundum zu Hause fühlen! Dafür sorgen Comics, Rätsel, Gebete, coole Sprüche und das farbige Fun-Magazin.
Klartext – für junge Erwachsene
Ein ungezwungener Begleiter durch die Bibel. Auch bei schwierigen Fragen wird Klartext geredet. Er vermittelt Hintergrundwissen zu biblischen Texten und regt zum Nachdenken an.
mittendrin – für alle, die noch kaum Zugang zur Bibel gefunden haben
Die Auslegungen wollen Mut machen und Hilfen geben zur Lebensgestaltung.
Orientierung – für Erwachsene (auch im Großdruck erhältlich)
Fundierte Erklärungen und viele Denkanstöße für den Alltag.
atempause – von Frauen für Frauen; persönlich und engagiert.

Anschriften des Bibellesebundes:
Schweiz: Flugplatzstrasse 5, Postfach, 8404 Winterthur
Deutschland: Postfach 1129, 51703 Marienheide
Österreich: Kreuzplatz 6, 4820 Bad Ischl